イスラームを知る
24

# サイバー・イスラーム

越境する公共圏

*Hosaka Shuji*
保坂 修司

# サイバー・イスラーム　越境する公共圏　目次

監修：NIHU（人間文化研究機構）プログラム　イスラーム地域研究

# 仮想空間と公共圏

一九九〇年代初頭、インターネットにはじめてふれたときの衝撃は今でもよく覚えている。当時使っていたパソコン通信経由でテルネットという機能を使ってインターネットにアクセスし、その頃はまだワールド・ワイド・ウェブ（WWW）さえなかったので、ゴーファーというプロトコール（通信手順）でイスラエル外務省の提供する中東和平関係のデータを閲覧したのである。その時代からすでにイスラエルは自国に関する条約、合意、決議などの基本的なテキスト（英語）をオンラインで提供していた。筆者が専門とするアラブ諸国との間に情報をめぐって大きな差ができていたことで愕然《がくぜん》としたものであった。

筆者自身、すでにその前に携帯（自動車）電話や衛星電話は経験していたものの、これらが生活や研究を劇的に変えるとは思えなかった。[1] それから二〇年が経過し、今やインターネットも携帯電話も、研究どころか生活の一部となり、これらなしでの生活が想像すらできなくなっている。

本書では中東で生まれたイスラームという宗教と、欧米を起源とするインターネットな

[1] 当時はこうした通信機器をもっている人がほとんどいなかったため，電話する相手がほとんど固定電話であった。したがって，単なる電話の代替物（しかも音質の悪い）でしかなかった。

どの情報通信技術の関係について考えてみたい。イスラームという教えが、インターネットをどのように変質させていったか、そしてインターネットがイスラーム社会やイスラーム教徒(ムスリム)をどのように変質させていったか、その化学反応の過程をみていく。その議論のなかで柱となる二つの概念をまず説明しておこう。

一つは「サイバー・イスラーム」という概念である。これは仮想空間(サイバースペース)上のイスラーム共同体全般を指す。すでにこの概念については欧米でも研究がおこなわれはじめており、デジタル・イスラーム、eイスラーム、あるいはiムスリムなどさまざま異なる名前でよばれている。この共同体は仮想的なものであるが、現実を濃密に反映したものであると同時に、現実社会にも影響を与えるようになっている。

もう一つは「公共圏」という概念である。「公共圏」とは本書ではごくざっくりと「不特定多数の人々が自由に集い、議論できる空間」という意味で用いている。重要なのは、この空間での議論が限定された場をこえて、しばしば政治や社会にまで影響をおよぼすことである。イスラーム世界では、かつてコーヒーショップなどでの議論がその役割をはたし、しばしば公権力に圧力をかけ、社会を変革させる要因となった。だが、同時に政府や体制による弾圧の対象ともなり、体制が強大化し、権威主義的・非民主的になればなるほど、イスラーム世界における公共圏は縮小し、弱体化させられていった。

サイバー・イスラーム上にもこうした公共圏は生まれており、かつてのコーヒーショップと同様、あるいはそれ以上に体制にとって脅威となり、その結果、体制側による厳しい監視対象、さらには弾圧の対象となっている。本書の議論の焦点は、まさにこの部分、サイバー・イスラーム上の公共圏がいかに現実の政治とからみ合い、それを変えていったかという点となる。

# 第1章　インターネット黎明期のイスラーム世界

## 中東・イスラーム世界と情報通信技術

宗教というと、何となく抹香《まっこう》くさく、古めかしい感じがするかもしれないが、じつは宗教こそ古来、時代の最先端の科学技術を利用する最たるものであった。とりわけ、宗教がつねに経典（テキスト）をその信仰の柱にすえていたことから、宗教と情報通信技術（ICT）の親和性はきわめて高いといえる。グーテンベルクの聖書[1]を持ち出すまでもなく、西欧の初期活版印刷本（インキュナブラ）の多くが宗教関連書であったことはその証左である。一方、アジアにおいても、法隆寺の百万塔陀羅尼《ひゃくまんとうだらに》など現存する古い木版印刷の大半がやはり宗教に関連するものであった。

そしてそこからさらに遡れば、古代メソポタミアの楔形文字と粘土板、古代エジプトのヒエログリフ（神聖文字）とパピルス、古代フェニキアのアルファベットとパーチメント[2]も宗教的な言辞に満ちあふれており、宗教は、信仰を支えるテキストと、それを保存し伝え



[1] 活版印刷術を完成させたドイツのヨハネス・グーテンベルクが1455年頃に刊行した聖書。グーテンベルクが印刷した最初の出版物ではないが，印刷所開業当初から聖書の印刷は念頭にあったといわれている。

[2] ヒツジやヤギ，子ウシなどの皮を乾燥・漂白したもの。日本語ではしばしば羊皮紙と訳されるが，材料として用いられるのはヒツジだけではない。英語などのパーチメントの語はアナトリアの古い都市，ペルガモン（現トルコ共和国ベルガマ）の名前に由来するといわれている。

[3] キリスト教世界由来の活版印刷術をイスラーム法学者がきらったこと，印刷によって多数の筆耕が職を失う可能性があったことなどが理由としてあげられる。

る情報通信技術の進化とともに発展していったといっても過言ではない。

さて、楔形文字からパーチメントまでの情報通信技術がいずれも中東起源であることは重要である。メソポタミアにしろ、エジプトにしろ、中東は、単に文明発祥の地であるだけでなく、情報通信技術発祥の地ともいえよう。

パーチメントやアルファベットが発明されてから二〇〇〇年以上が経過した現在、残念ながら、中東やイスラーム世界はＩＣＴ分野では明らかに後進国となってしまった。技術的な遅れだけではない。ＩＣＴによって伝達される情報そのものにも、政治的・社会的、あるいは宗教的な制約によってさまざまな規制が加えられている。その象徴的な事件が、十五世紀のオスマン帝国でイスラームに関するアラビア文字の活版印刷が禁止されてしまったことであろう。[3] この頃から顕在化したイスラーム諸国のＩＣＴに対する拒否反応は、現代においても非民主的な政治体制や表現の自由の制限というかたちで継続している。

六頁のグラフは、フリーダムハウスの評価にもとづいた一九九三年から二〇一一年までの主要な中東諸国の報道の自由度の推移をあらわしたものである。グラフの下にいけば自由(二〇まで)で、上にいけばいくほど報道の自由がないことになる。リストアップした国のなかではイスラエルだけが「自由」で、あとは「部分的自由」(三一～六〇)と「不自由」(六一～一〇〇)である。アラブ諸国ではクウェートとレバノンが安定的に「部分的自由」

◀古代エジプトのヒエログリフ

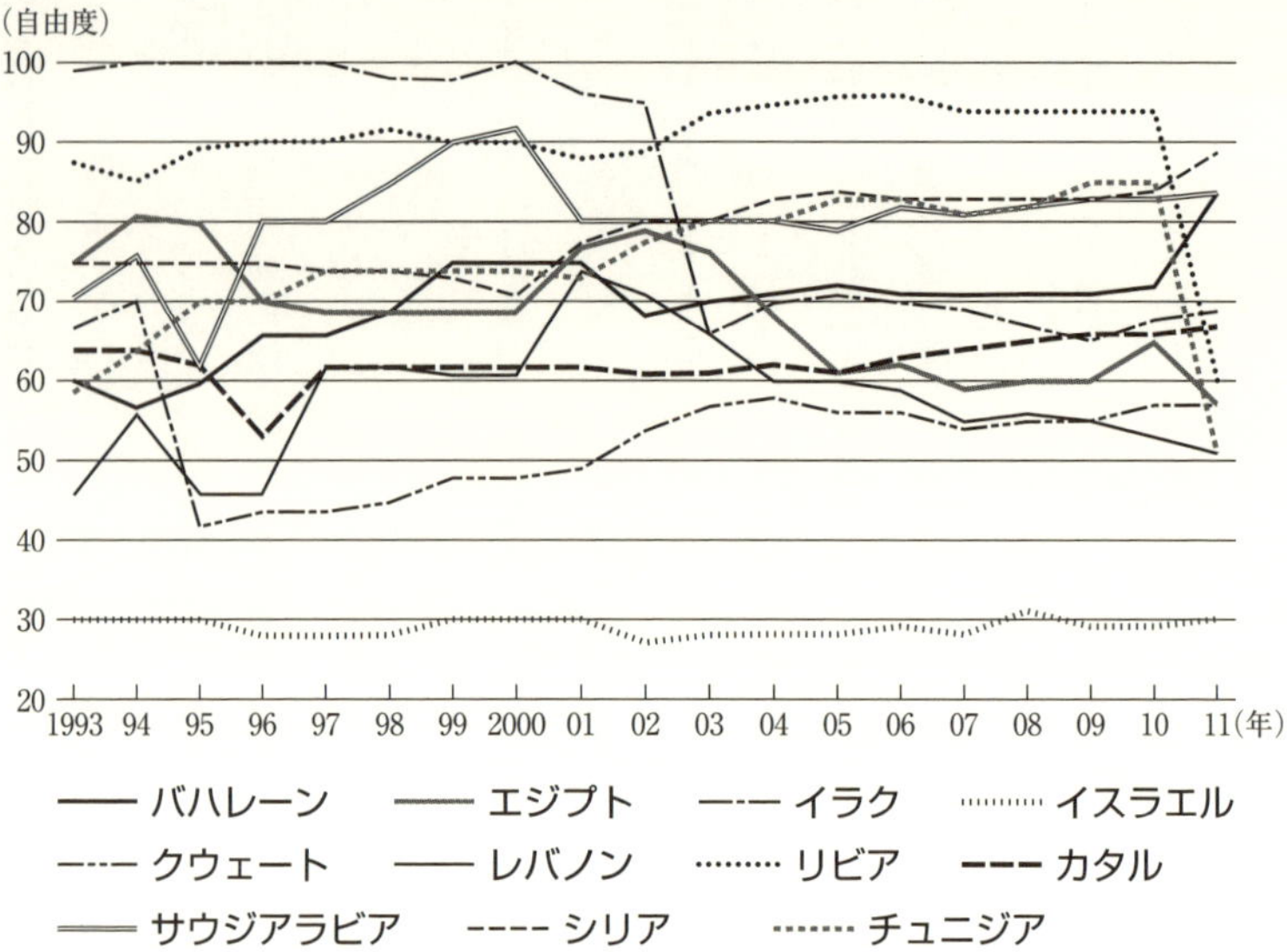


**▲中東諸国の報道の自由度**　アメリカのNGO，フリーダムハウスは毎年世界の国々の自由度のレポートを発表しているが，中東やイスラーム諸国の多くが「不自由」に分類されている。同じようにメディアの自由度でも「自由」に分類される国は少数派である。なお，これとは別に1979年の中東諸国の報道の自由度をみてみると，紙媒体で「自由」に分類されているのはイスラエルとトルコの２カ国だけで，これにイスラーム協力機構(OIC)加盟国をいれても，バングラデシュ，ガンビア，ナイジェリア，スリナムが「自由」グループに加わるぐらいである。とくにアラブ諸国の成績は惨憺《さんたん》たるありさまで，19カ国中かろうじて合格点の「部分的自由」にはいったのは６カ国だけで，あとは全て「不自由」である。

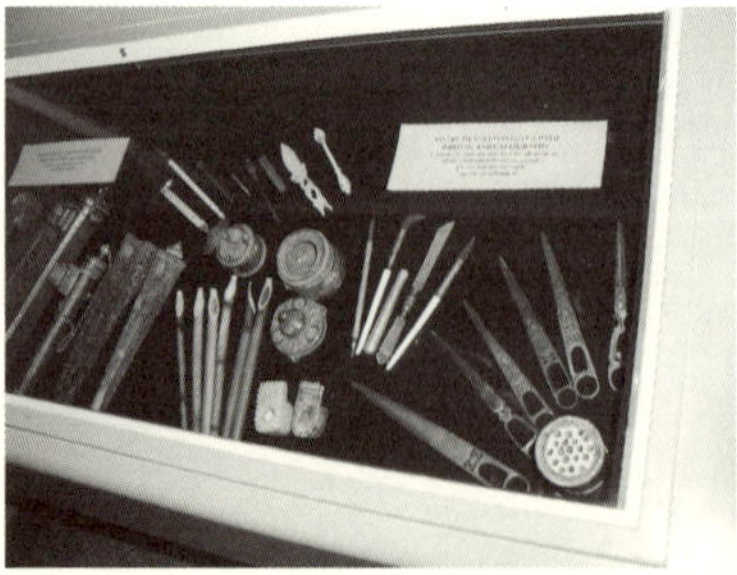

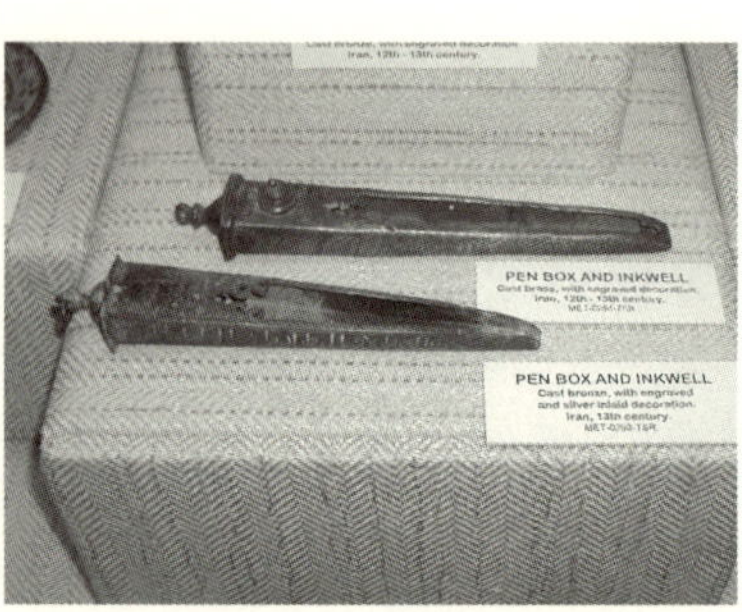


**▲古いイスラーム時代の情報通信技術**　インク壺(右)と筆記用具(上)。
(クウェートのターリク・ラジャブ博物館蔵)

の位置を確保しているのがわかる。またイラクはサッダーム・フセイン時代にずっと最悪の一〇〇、つまりまったく報道の自由のない状態を維持していたが、二〇〇三年のイラク戦争をきっかけに突然状況が改善したのがわかる。

さらにチュニジア、エジプト、リビアの三カ国も二〇一一年に一気に成績をあげている。これは、二〇一〇年末からのいわゆる「アラブの春」で、これらの国に革命が起こり、独裁体制が打倒されたからである。一方、同じ二〇一一年に報道の自由を制限し、逆に成績をさげたのがシリアとバハレーンだ。この二国では二〇一四年一月現在も、体制が維持されているが、その体制維持のために、それぞれの政府は社会全体への締めつけや情報統制を強化し、反体制派への弾圧を強めていったのである。

中東あるいはイスラーム世界、とりわけアラブ諸国の政治体制は今でもその多くが独裁であり、報道の自由や表現の自由は望むべくもない。体制側にも支配される側にも、社会の木鐸《ぼくたく》としてのジャーナリズムという概念は希薄である。こうした権威主義的な国における新聞や雑誌とは、政府が国民に伝えたいことを伝えるだけの道具にすぎない。国民世論にしても報道や選挙で推しはかることができず、その役目はしばしば秘密警察や検閲、盗聴といった手段に委ねられる。

したがって、多くのアラブやイスラームの国の住民は、正しい情報をえるのに自国メデイアに頼ることができず、しかたなく、例えば一九八〇年代から九〇年代初頭まではBBC（英国放送協会）やラジオ・モンテカルロ、VOA（ボイス・オブ・アメリカ）など欧米の報道を利用せざるをえなかったのである。

これが一九八〇年代までのイスラーム世界のメディア状況である。その後、衛星放送の登場によって情報の閉塞状況に風穴があけられたが、かならずしもそれは、この地域が西側民主主義に近づいたことを意味しているわけではない。衛星放送の大半は体制によって管理されており、体制そのものが自由の方向に変化しないかぎり、衛星放送は本質的には国家による宣伝の道具にすぎないのである。

## アラビア語とコンピューター

さて、ここでインターネットの話にはいる前に、整理しておかねばならない問題がある。インターネットの前提となるべきコンピューターの問題である。もともとコンピューターは欧米で発明され、発達してきた。そのため、ローマ字でプログラムが書かれるのは当然で、ローマ字以外を用いる言語については、コンピューター初期の段階ではほとんどかえりみられることはなかった。しかし、コンピューターの用途が単なる計算機からほかの領域に広がるにつれ、人々の生活のなかにはいりはじめるようになる。すると当然、非ロー



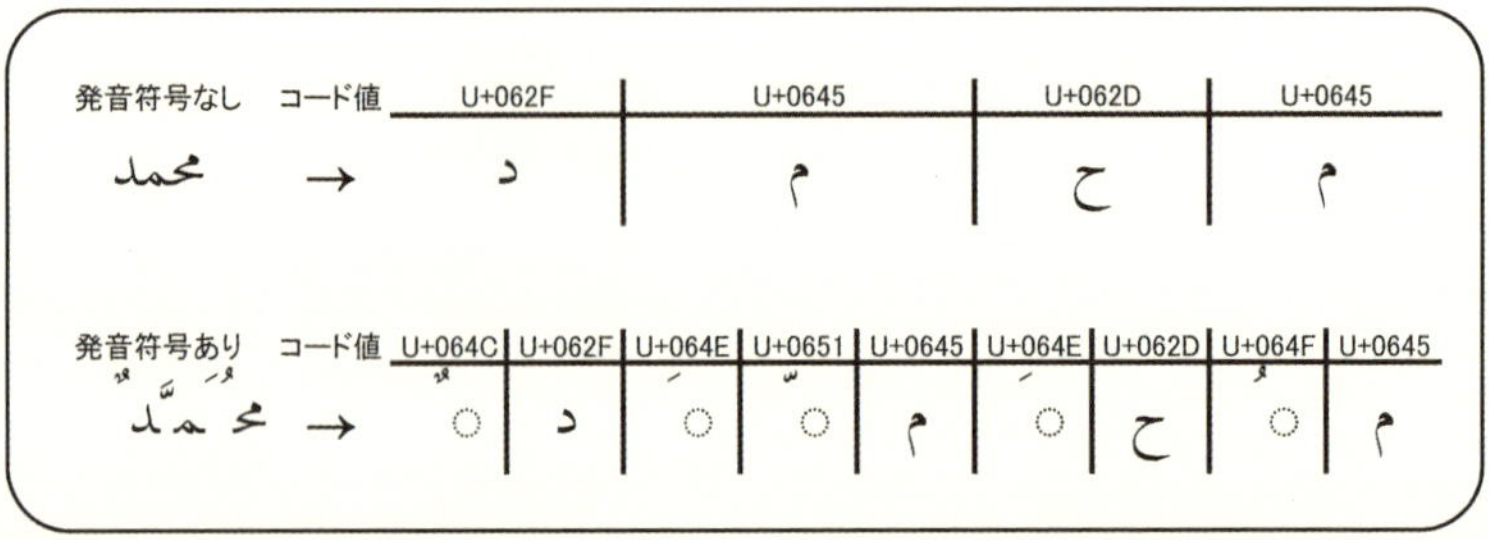

| 発音符号なし | コード値 | U+062F | U+0645 | U+062D | U+0645 |
|---|---|---|---|---|---|
| محمد | → | د | م | ح | م |

| 発音符号あり | コード値 | U+064C | U+062F | U+064E | U+0651 | U+0645 | U+064E | U+062D | U+064F | U+0645 |
|---|---|---|---|---|---|---|---|---|---|---|
| مُحَمَّدٌ | → | ٌ | د | َ | ّ | م | َ | ح | ُ | م |

▲**ユニコードによるアラビア語の表記の例**　これはムハンマドという人名を表記した例。

マ字圏の人たちも、自分たちの言語を用いてコンピューターを使いたくなったり、コンピューターによって自分たちの考えや感情を表現したくなってくるであろう。

ところが、コンピューターを動かすためのプログラミング言語の大半はいまだにローマ字でしか書かれないし、非ローマ字圏の文字は通常、単なる「文字列」としてあつかわれるのみである。イスラーム世界の主要言語であるアラビア語やアラビア文字は、右から左に書いたり、文字と文字をくっつけて書いたりというぐあいに、ほかの欧米系言語とは明らかに異質な存在であったため、当然、初期のコンピューターではアラビア文字に対する配慮はまったくなかったといっていい。

そこで必要になってくるのが「文字コード」である。アラビア文字のそれぞれに、コンピューターが理解できる符号を対応させなければならないのである。例えば、アラビア文字の最初の文字「アリフ」はユニコードという文字コードでは「０６２７」という符号が割り振られている。

アラビア語の基本的な字母は二八しかないが、文字が単語の先頭、語中、語尾のどこにくるかで文字のかたちが変化するなど、複雑な構成になっている。ただ、これら自体は大きな問題ではない。より深刻なのは、同じアラビア語を用いる国が二〇以上に分断されていることのほうであった。アラブ世界では同じアラビア語を使っているとはいえ、かならずしも隣国同士仲が良いわけではなく、こうした標準化でもそれぞれの国が個別に作業を進めることが少なくなかったのである。[4]

実際、一九八〇年代にはアラビア語の文字コードだけで二〇以上あったといわれている。こうなると、自分の国で入力したアラビア文字データを隣の国のコンピューターで読み込もうとすると、みな文字化けするという、泣くに泣けない事態に陥ってしまう。[5] さすがに一九八〇年代にはいってからは、アラビア文字コード標準化のための国際会議がアラブ世界のあちこちで開催されるようになり、ASMO449やCODAR-Uなどの文字コードが有力視されるようになっていった。結果的にこれら文字コードはISO8859-6に収斂《しゅうれん》されていったのだが、実際にもっとも普及したのはウィンドウズ1256というアメリカのマイクロソフト社が設定した文字コードであった。

さらに、コンピューターはソフトウェアやオペレーティングシステム(OS)がなければ、ただの箱にすぎないが、アラブ諸国やイスラーム世界には、そもそもその箱をつくる技術や産業基盤すら存在していなかった。自国の言語であるにもかかわらず、統一的な文字コードの制定に関しては、ハードウェアやOSを製造する欧米諸国やその企業がつねに主導権を握っていたのである。

この問題は今も尾を引いており、イスラーム世界においては依然としてコンピューター



4 もちろん，同じアラビア語といっても，実際には国ごとに微妙な違いがあり，口語まで含めれば，その違いはさらに大きくなる。

5 ただし，文字コードがなかなか標準化できないというのはアラブ世界だけの問題ではない。例えば，日本語の場合，なまじコンピューター・メーカーがたくさんあったため，それぞれが自分たちのコンピューターに専用の文字コードをつけてしまった。つまり，メーカーごとに文字コードができてしまったのである。

のハードウェア産業は、マレーシアなど一部の例外を除いてまったく存在していない。しかし、そのマレーシアにしても、独自技術を開発するところまでにはほど遠く、欧米や東アジア企業の下請け、生産ラインの役割にあまんじているといわざるをえない。アラブ諸国にいたっては、メインフレーム（大型汎用コンピューター）時代はもちろん、現在のパソコン時代においても、マザーボードから筐体《きょうたい》までほとんどすべてを輸入に頼っている。こうした地域では、コンピューター製造業といえば、コンピューターショップレベルで既成の部品を組み立てるだけの家内工業的なものにすぎないのである。

## パソコンの時代

いずれにせよ、イスラーム諸国は、こと情報通信技術に関しては二十世紀以降、つねに受け身の立場であった。欧米や日本で発明・開発された技術や製品を取捨選択して受容していくしかなかったのである。もちろん、ときには、自分たちが必要とするものを、その技術を有する異教徒につくらせたり、自分たちの価値観に合わせて、改良させるということもあった。例えば、アラビア語の電子辞書やヒジュラ暦・西暦換算カレンダー、マッカ（メッカ）の方角を示す電子式コンパス、礼拝の時刻を教えてくれる電子時計といったものである。

筆者は、一九八〇年代からこうしたガジェットを中東やヨーロッパのあちこちで購入してきたが、少なくともこの時期、イスラームの国で製造された機器を見かけることはほとんどなかった。多くはヨーロッパ製や非イスラーム圏のアジア製で、ときおり日本製、あるいは日本製と表記されているが、どう見ても違うだろうというものまであった。また、学術的な必要性やチャレンジ精神からボランティア的につくられるソフトウェアなども存在した。

一九八〇年代半ば以降、パソコンの登場とともに、イスラーム諸国の情報通信技術にも大きな変化があらわれる。当時のイスラーム世界におけるパソコンは、いわゆるＩＢＭ・ＰＣ互換機、つまりアメリカＩＢＭ社のパソコンとそのクローン、それにＯＳとしてマイクロソフト社のディスク・オペレーション・システム（ＭＳ-ＤＯＳ）の組み合わせが圧倒的であった。[6] 幸か不幸か、イスラーム世界のパソコンはＩＢＭ互換機とＭＳ-ＤＯＳの寡占状態であったので、懸案《けんあん》だったアラビア語の文字コード統一の問題も経済的利益を優先させる方向で標準化されていったのである。

アラビア語の文字コードが標準化されれば、アラビア語のソフトウェアがアラビア語圏全域で販売できるようになる。一九八〇年代中頃からアラビア語などイスラーム諸国の言語をベースにしたさまざまなパソコン用ソフトウェアが出回りはじめた。マイクロ



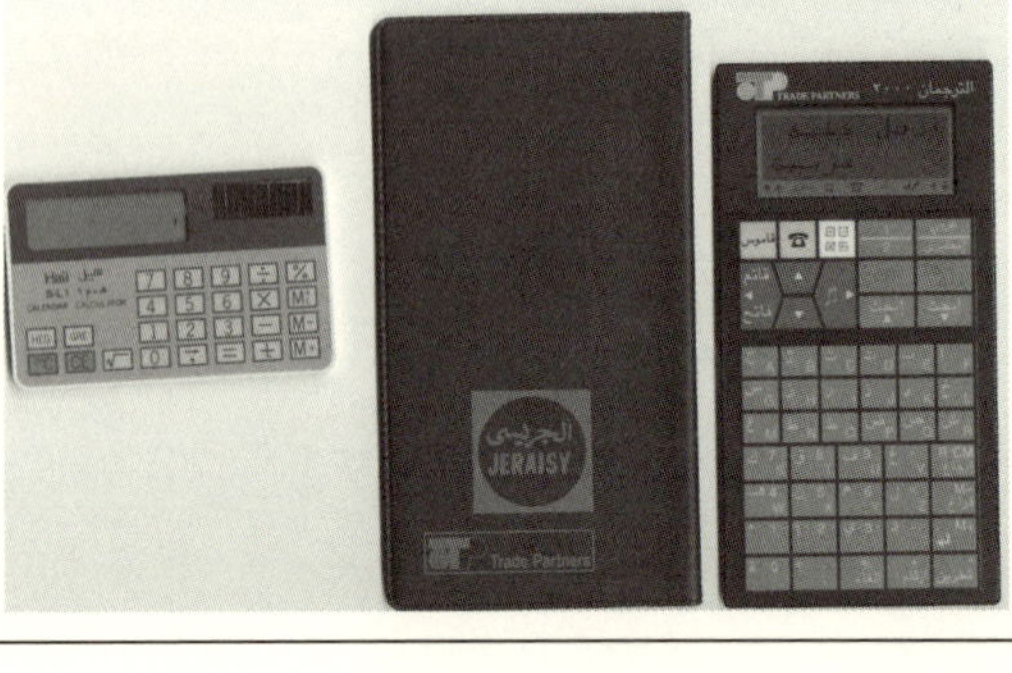

**▶イスラーム世界のガジェット**
1990年代初頭に生産されていたアラビア語・英語電子辞書(右)とヒジュラ暦・西暦換算カレンダー兼電卓(左)。

ソフト社はアラビア語をサポートしたMS-DOSの販売を開始し、そうしたOSのもとでアラビア語を入力できるワープロなどもサードパーティーから発売されるようになった。CD-ROMなどの記憶媒体を用いた電子書籍が出版されはじめたのもこの頃である。

こうした初期のアラビア語電子書籍のなかには、多数の宗教的なテキスト、歴史や詩歌の古典が含まれていた。残念ながら統計資料を入手できなかったので、筆者の個人的経験にもとづく印象論にすぎないのだが、一九八〇年代後半から九〇年代にかけて、アラブ諸国の書店やコンピューターショップでは、アラビア語の古典、とくにクルアーン(コーラン)やハディース、さまざまな法学書、歴史書、そして詩歌のCD-ROMが、よく売られていた。[7] 多くの店舗では、イスラーム関連のテキストには専用のコーナーが用意されていて、明らかにほかの商品とは異なるあつかいを受けていた。日本や欧米ではより実用的なもの、あるいはエンターテインメントに関するCD-ROMのほうが一般的だったと思うが、それとは対照的な様相であった。

ここで思い出していただきたいのは、かつてイスラーム世界でみられた情報の大量生産に対する拒否反応がコンピューターに関してはほとんど起きていなかったことである。クルアーンなどイスラームの基本的な資料をデジタル化するにあたっては、かつてオスマン帝国時代に活版印刷を禁止するために出されたお触れのようなものはなかったし、サウジ

6 おそらくこれは当時の世界標準というべき組み合わせで，日本でも状況は同じであった。もちろん，アップル社のマッキントッシュもイスラーム世界で販売されていたが，数としてはかぎられていた。

7 そのほか，アラビア語を，検索などが可能な文字列としてではなく，画像としてあつかう電子書籍も多数出版されたが，これらの多くもやはり宗教的なテキストやアラビア語の古典文学であった。

アラビアでテレビ局開設にあたって発生した暴動のようなものも起こらなかった。宗教的な情報を、新しいメディアを使って大量生産することに対するアレルギーは、すでに薄れていたか、ほとんど消滅していたのである。

しかし、一点、疑問が湧きあがる。なぜ、アラビア語圏ではアラビア語の古典や宗教的なテキストが好まれて、デジタル化・CD-ROM化されていったのだろうか。もちろん、それこそが彼らの得意分野であったから、あるいは商業的に成り立つ分野であったから、という理由があげられる。合理的な理由としては、この時期、コンピューターを利用できる階層には、理科系や富裕層が多く、そうであれば、英語ができるのが当然なので[8]、実用的なものやエンターテインメントは英語のCD-ROMでも問題がなかったということもあげられよう。したがって、CD-ROM制作者たちは、英語圏がつくりそうになく、また彼らの優位性が活かせるアラビア語の古典に傾注したと推測できる。もっとも、理由はなんであれ、アラビア語の古典、それも宗教テキストの需要が大きいこと、つまり社会や生活のなかに宗教が強く根を張っていることが大前提となっているのはいうまでもない。

ただし、アラビア語のテキストの普及拡大には、依然として大きな壁が存在していた。一つは、もちろん経済的な壁である。一九八〇年代にパソコンを個人で所有できたのはイスラーム世界では富裕層に限定されており、パソコンが先進国並みに普及していたのは豊



8 アラブ世界の大学では理系学部の授業は英語でおこなうのがふつうである。また富裕層の多くが欧米への留学経験がある。もちろん，エンターテインメントにとって言語は大きな壁ではない。1980年代，アラブ諸国でも日本製テレビゲームが人気を博していたが，子どもたちは日本語や英語の画面のままゲームを楽しんでいた。

かな産油国の湾岸アラブ諸国ぐらいであった。

もう一つは技術的な壁である。ここでいう技術的な壁とは言語の壁といってもいい。さきほどアラビア語をサポートするOSについてふれたが、アラビア語対応のソフトウェアや電子書籍の大半は、こうしたアラビア語に対応したOSのもとでしか起動しなかったのである。つまり、たとえハードウェアは同じIBM社の同じ機種を用いていたにしても、OSレベルでアラビア語をサポートしていないと(例えば、日本語版MS-DOSのもとでは)、アラビア語ソフトやCD-ROMを読み込むことはできず、せっかくのアラビア語電子書籍も宝の持ち腐れになってしまうのだ。これでは、特定OSをこえた広がりは期待できないだろう。

しかし、一九八〇年代から九〇年代はじめにデジタル化されたさまざまなアラビア語の宗教的なテキストはその後のウィンドウズ時代に徐々に汎用性が高まり、さらにユニコードの普及とともに、コンピューターのOSの言語、またOSそのものの垣根をこえて、読めるようになっていった。インターネットが登場する一九九〇年代をむかえる前に、ハードウェアやOSの違いをものともしない大量のイスラームに関するテキストが、パソコンの記憶メディア上に蓄積されていたのである。

## インターネットの登場

世界最初期の汎用コンピューターENIACがアメリカでつくられたのが一九四六年で、六九年にはアメリカ国防総省がアメリカ国内のいくつかの大学と共同で開発を進めたARPANET[9]が始動した。コンピューターはその後、UNIX[10]などを中心とする汎用コンピューターや大規模なスーパー・コンピューター、それにパソコンへと分岐・発展し、ARPANETのほうはやがて全世界を覆う巨大ネットワークであるインターネットへと収斂されていった。

インターネットはもともと軍事的・学術的な目的でつくられ、維持されていたが、一九九〇年代初めから商用利用が許されるようになり、世界各地にインターネット・サービス・プロバイダー（ISP）が生まれ、利用者数が飛躍的に増大した。

もう一つ、本書で重要な役割をはたすであろう情報通信の技術革新が、ほぼ同時期にインターネットと並行して進んでいた。携帯電話である。最初に携帯電話が実用化されたのは一九七九年だが、当初は自動車に乗せて使う、いわゆる自動車電話で、決して携帯できるものではなく、また値段も通信料金もきわめて高額であった。一九八〇年代後半にようやく重さ一キロを切るまで軽量化され、普及に拍車がかかった。ちょうどその頃、筆者はクウェートに住んでいたのだが、さすが豊かな産油国だけあって、クウェートではすでに



9 Advanced Research Projects Agency Network。世界最初のパケット通信によるコンピューター・ネットワーク。

10 1960年代末からアメリカのベル研究所で開発が進められたオペレーティングシステム。Linux や Mac OS X なども Unix 系 OS である。

自動車電話がかなり浸透しており、街中には電話用の大きなアンテナをこれ見よがしにつけた高級車がたくさん走っていた。

携帯電話は一九九〇年代に小型化が進み、液晶画面がついたり、さらにインターネットと融合したりと、さまざまな機能をもつようになり、さらに端末の値段や通話料金もさがっていき、急速に普及するようになる。

情報統制が厳しく、かつ通信分野が技術的にもインフラ的にも欧米や日本などと比較して大きく立ち遅れていたイスラーム諸国も、若干の時間差はあるものの、次から次へとインターネットへ接続しはじめた。一部の国はすでにインターネット以前からBITNETといった研究機関を結ぶコンピューター・ネットワークに参加していたため、インターネットへの接続は比較的スムーズにおこなわれていった。ただし、シリアやイラク、リビアといった極端な独裁国家では、政府の規制により接続がおこなわれず、一九

| 国　名 | 最初の接続 | 商用利用開始 |
|---|---|---|
| マレーシア | 1987 | 1992 |
| インドネシア | 1990 | 1994 |
| トルコ | 1990 | |
| チュニジア | 1991 | 1996 |
| クウェート | 1992 | 1993 |
| アラブ首長国連邦(UAE) | 1993 | 1996 |
| イラン | 1993 | 1995 |
| エジプト | 1993 | |
| サウジアラビア | 1994 | 1999 |
| ヨルダン | 1994 | |
| バハレーン | 1995 | |
| イエメン | 1996 | |
| カタル | 1996 | |
| シリア | 1997 | 2002 |
| イラク | 1998 | 2003 |
| リビア | 1998 | 2001 |

**◀おもなイスラーム諸国のインターネット接続年**　ここにあげた年はさまざまな資料をもとに筆者が作成したものだが，じつはわからないところが多く，また資料によってもばらつきがあり，かならずしも正確なものとはいえない。そもそもなにをもってインターネットへの接続というかですら，実際には曖昧なところが多い。

九〇年代末にようやくインターネットとの接続が達成されるという状況であった。



## クウェートのケース

ここからいくつかの国を例にとって、インターネット導入時の相違点を整理してみよう。最初はクウェートである。クウェートは中東あるいはイスラーム世界では比較的早くインターネットに接続した。しかし、クウェートには強力なICTの伝統があったわけではないし、のちの展開からもわかるとおり、政府にICTを経済の柱にしようという展望もなかった。

クウェートは一九九〇年、イラクに占領され、翌年アメリカ軍主導の多国籍軍により解放されている(湾岸戦争)。クウェートがイラクから解放されるにあたって、国民や西側諸国の支援を受ける条件の一つが民主化の進展であった。

一方、イラク軍の占領によってクウェート国内のインフラの多くは破壊されていた。ここでいうインフラには油田や通信施設、道路といった物理的なものだけでなく、知的なインフラも含まれていた。クウェートは、サウジアラビアなどほかのGCC(湾岸協力会議)諸国とともにBITNETに加盟し、大学のキャンパス間にきちんとしたネットワークを構築していたが、イラク占領下、このインフラが大きく損傷を受けたため、解放後の復興に際してはこのネットワークの再建が重要課題となっていく。しかし、一九九〇年初めという時期を考えれば、選択肢はＢＩＴＮＥＴではなく、インターネットしかなかったはずだ。

そして、クウェートにはインターネットを導入する能力と資格があったのである。アメリカは湾岸戦争への対応を正当化するためにも、戦後クウェートの復興を支援する必要があり、さらにその復興したクウェートは、解放される価値のある自由で民主的な国家でなければならなかった。インターネットはまさにその目標にかなうものであった。また、クウェートには石油という巨大な富の源泉があった[11]。一人当たりＧＤＰは湾岸危機以前から先進国並みか、それ以上であり、さらに所得税がないので、可処分所得は先進国をはるかに凌駕していただろう。一九八〇年代から、豊かなクウェート人たちはパソコンをもち、ビジネスや趣味で利用していたのである。

クウェートでは新聞や雑誌なども電子化され、その点でも、インターネット時代への下地はできていたというべきだろう。コンピューターのハードウェアを製造する産業は存在していなかったが、ソフトウェア産業はそれなりの伝統があり、例えば、サフルという企業はアラビア語を使えるＭＳＸコンピューターの製造、それにＢＡＳＩＣ[12]やＭＳ-ＤＯＳのアラビア語化などで勇名をはせていた[13]。

[11] クウェートは国内に約1000億バレルの石油を埋蔵しており，これは世界第6位である。
[12] MSXはアメリカのマイクロソフトと日本のアスキー社が提唱したパソコンの統一規格で，BASICは初心者向けのコンピューター言語。
[13] もともとはアーラミーヤというコンピューター企業の一部門としてスタートし，コンピューターソフトウェアのアラビア語化を得意としていた。サフルのMSXは日本製MSXマシンのコピーにすぎなかったが(しかもどこで製造したかは不明)，アラブ諸国ではコンピューターの基本を学ぶ教室などで幅広く用いられた。また，MS-DOSのアラビア語化ではマイクロソフトとの訴訟合戦に発展した。その後，サフルでアラビア語化にたずさわったスタッフの多くがマイクロソフトに引き抜かれ，彼らがウィンドウズのアラビア語版製造で中心的な役割をはたしたといわれている。現在は本拠地をエジプトに移している。

もう一つ、クウェートのケースで指摘しておかねばならない点がある。それはインターネット導入にあたって、クウェートが国内からほとんどなんの反対も受けていなかったことである。クウェートは政治的には比較的自由であるが、宗教的にはむしろ保守的で、テレビでは女性の水着姿はもちろん、酒を飲む場面もご法度である。当然、保守的なイスラーム勢力からなんらかの反発が出ても良かったはずだが、実際には彼らが、インターネット導入について強硬に反対したという記録はみつからなかった。これには、戦後のどさくさという状況も考慮しなければならないが、少なくともこの時点でイスラーム勢力が、インターネットのなんたるかをほとんど理解できていなかったことが大きいだろう。

さらにクウェートがインターネットに接続したのがかなり早い時点であったため、まだ宗教界や体制側が恐れるような情報が出回っていなかったし、そもそも現在のインターネット利用の中核技術であるＷＷＷやそれを記述するＨＴＭＬ[14]の仕様すら決まっていなかった時代である。当時の一般的な利用法は電子メールや文字情報主体の地味なユーズネットやゴーファーといったサービスであった[15]。したがって、当初はインターネットにおける情報の検閲はクウェートではほとんどおこなわれていなかった。

一方、技術的な側面についていうと、クウェートは豊かな小国であったので、すでに一九八〇年代には全土にくまなく固定電話網が行きわたっていたことも忘れてはならない。



[14] ハイパー・テキスト・マークアップ・ランゲージの略。ウェブページを記述するための言語。

[15] 電子メールは現在でも用いられているが，ユーズネットやゴーファーはあまり使われなくなっている。ユーズネットはニューズグループとも呼ばれ，いわゆる掲示板の元となったものである。一方，ゴーファーはWWWが普及する前のインターネット上の文字情報配信・受信・検索のためのプロトコールで，WWWの普及で現在はほとんど使われなくなっている。

一九九〇年代のインターネットはダイアルアップ方式[16]が基本だったので、この電話網の整備はインターネット導入には不可欠な要素であった。中東やイスラーム世界では電話網の整備が遅れており、例えば、商用インターネットが普及しはじめる一九九〇年を基点とすると(二三頁参照)、最貧国に数えられるイエメンでは人口一〇〇人当たりの契約数が約一件、エジプトでは約二・八件、チュニジアでは約三・七件であった。同じ年のクウェートでは約一六件である。日本が約四五件なので、それと比較すると、あまり高くみえないが、クウェートの人口の約七割は外国人労働者なので、豊かなクウェート人に限定すれば、日本の数字とそれほど変わらないだろう。[17]

## マレーシアのケース

マレーシアがインターネットにはじめて接続したのは一九八七年といわれている。[18] イスラーム圏でもっとも早くインターネットを導入した国の一つである。クウェートのインターネット導入に大きな社会的・経済的ビジョンがなかったのと対照的に、マレーシアの場合、インターネット導入時、そしてインターネットの一般公開時に、政権中枢では産業の将来を見定めた、大きなビジョンがねられていた。

当時のマハーティール首相は一九九一年、「ビジョン二〇二〇」を発表し、二〇二〇年



16 インターネット・サービス・プロバイダーが提供するアクセス・ポイントにモデムなどを用いて主として固定電話回線経由でアクセスするインターネットの接続方式。現在のインターネットの主流になっているブロードバンドと比べて低速なことからナローバンドと称される。

17 なお，クウェートでは固定電話による国内通話は無料である。ただし，当時，クウェートではISPは通信省が独占していたので，使用料はかなり高額であった。

18 ちなみに日本では一般に，1984年のJUNETが日本におけるインターネットの起源だとされている。ただし，JUNETが国外のネットワークに接続されたのはそのしばらくあとである。また日本で最初の商用ISPができたのは1992年であった。

までにマレーシアを先進国入りさせると宣言した。その中核にすえられたのがマルチメディア・スーパーコリドー計画(MSCマレーシア)で、全体の構想が公にされたのが一九九六年であった。

同計画は首都クアラルンプール中心部からクアラルンプール空港までの幅一五キロ、長さ五〇キロの細長い範囲(回廊〈コリドール〉)をカバーする、情報・知識を基盤とする経済特区を構想している。インフラだけでなく、法律的にも情報通信技術を発展させるのに特化した地域となる予定で、ここに外国の先端企業を誘致することで、国内産業の育成をはかり、さらには先進工業国の仲間いりすることを企図していた。

このプロジェクトは政府主導で進められており、自由な情報の流れに対する体制側の反発や危機感はそれほど強く感じられない。実際のところ、マレーシアはマハーティール体制のもと、報道の自由を厳しく制限していたが[19]、欧米の情報通信企業を誘致するためにも、MSC内ではインターネットの検閲は許されないことになっていた。

なお、自由な情報の流れはあくまで欧米企業向けで、既存のイスラーム的知の体系に影響を与えることは想定されていない。しかしその一方で、異質な道徳的価値観をきらいがちのイスラーム法学者たちがプロジェクトに反発したという話も聞かない。その意味では、マレーシアのプロジェクトにかぎっていえば、インターネットとイスラームは比較的良好

[19] フリーダムハウスの査定によれば，マレーシアのメディアは1995年以降，一貫して「不自由」に分類されている。

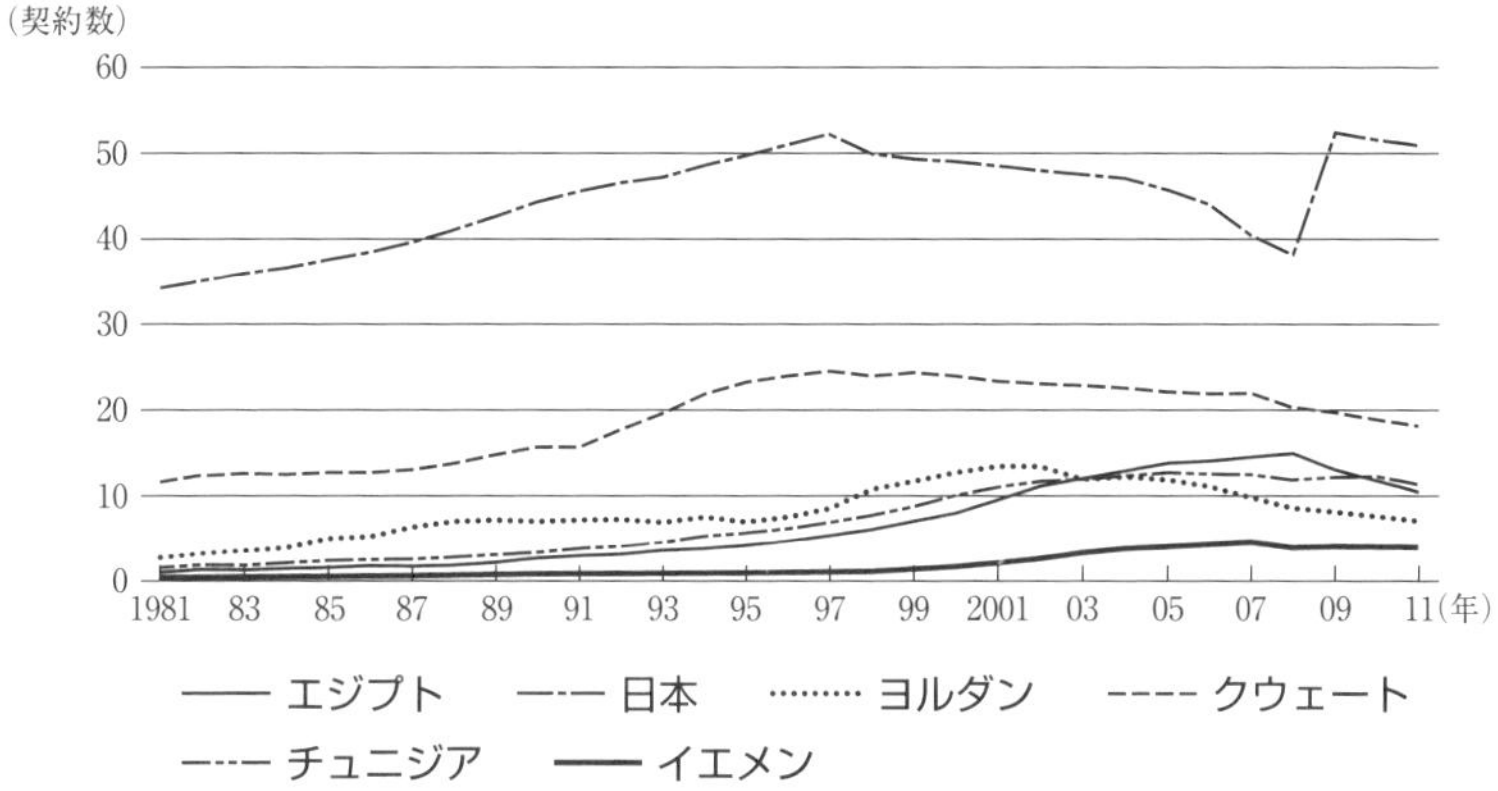


▲100人当たりの固定電話契約件数

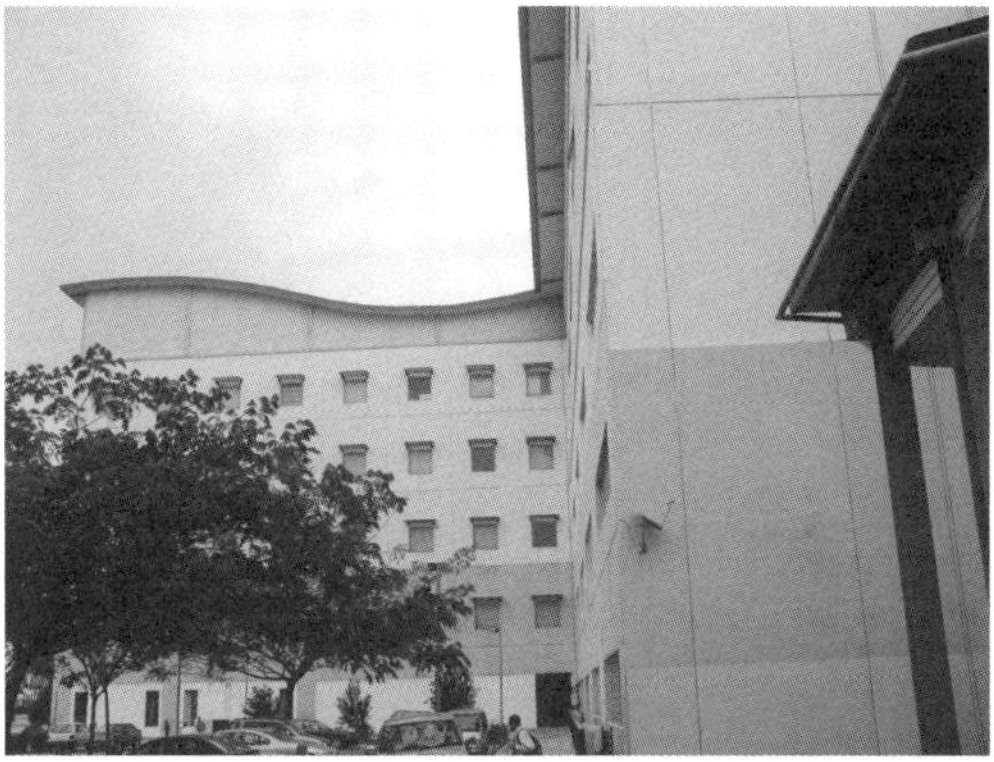

▲MSC内の中核施設の一つ，マルチメディア大学(上，下)

な関係にあったといえる。プロジェクトを牽引していたマハーティール自身がムスリムであり、ルックイースト政策[20]に代表されるように、西側に対しつねに批判的な立場を堅持していたこともあるだろう。さらに彼の反ユダヤ的・反イスラエル的姿勢もしばしば欧米のメディアで槍玉にあがっていた。国内のマレー系やムスリムの間でのマハーティール人気を考えれば、少なくとも宗教界側から積極的に彼の政策に反対することは考えにくい。

一方、世俗的な流れでいえば、MSCは政府による情報の規制に風穴をあける役割をはたした。マレーシアの新興タブロイド紙『サン』の記者であったスティーブ・ガンは、MSCではインターネットを検閲しないという政府の約束を利用して、『マレーシアキニ(マレーシア・ナウ)』というオンライン・ジャーナリズムを立ちあげたのである。[21]『マレーシアキニ』は一九九九年十一月にスタートするが、その第一報で、マレーシア最大の華字紙『星洲日報』が掲載した与党メンバーの写真が修整されていたことをすっぱ抜いた。[22]その結果、『星洲日報』は謝罪をするはめに陥り、逆に『マレーシアキニ』はいきなりはなばなしいデビューを飾ることになったのである。さらにこれをきっかけにインターネット上では、さまざまなかたちでマハーティール体制批判が展開されることになる。

このケースは、オンライン・ジャーナリズムが、新聞やテレビなどのメインストリーム・ジャーナリズムのできないことをやってのけた実例であり、マレーシアのような非民



20 マハーティールの提唱した政策。日本的な集団主義，労働規範を手本にマレーシアの近代化をはかろうとするもの。

21 記者たちはクアラルンプール近郊に住んでいたが，『マレーシアキニ』のサーバー自体はアメリカ国内におかれている。

22 マハーティールの側近であったアンワル・イブラーヒーム副首相は1998年，マハーティールとの対立が原因で副首相職を罷免され，翌年には同性愛の容疑で有罪判決を受けた。『星洲日報』は与党メンバーの写真を掲載したとき，アンワル・イブラーヒームが写った部分を切り取る修整をほどこしていた。

主的体制においても、少ない資本、少ない人材で、比較的自由に、そして比較的有効に政府批判ができることを証明したといえる。しかし、これはあくまで体制側が許容する範囲での自由であり、現在逮捕されたり、閉鎖されたりしていないといっても、今後もそれが保障されるわけではない。また、マレーシアという国の体制自体がイスラーム世界のほかの非民主的な政体と同じというわけでもない。当然、国によってレッドラインは大きく異なる。

## チュニジア・エジプト・ヨルダンのケース

チュニジアは二〇一〇年末からの、いわゆるアラブの春で最初に体制が打倒された国である。そのきっかけの、少なくとも一つになったのがＩＣＴであったことはしばしば指摘されてきたとおりである。当時のベンアリー体制は権威主義的で、非民主的で、抑圧的であったが、一方で積極的にインターネットを導入し、その整備をはかってきた。情報通信技術がなんらかのかたちで体制に影響を与えることは自明であるのに、チュニジアはあえてこの危険を冒したわけだ。これは一つには、マレーシアの場合と同様、インターネットをチュニジア経済発展の屋台骨とするためである。また、インターネットを積極的に発展させることで、西側に対しチュニジアが民主的であるとアピールすることを企図していた

◀エジプト・カイロ郊外のコンピューター街

ともいえる。
しかし、同時にチュニジア政府はインターネットに厳しい規制を課しており、例えば、電子メールを暗号化することは禁止されていたし、ISPは、ユーザーの制作するウェブページの内容について責任をもち、その監視も義務づけられていた。もちろん、このような欺瞞《ぎまん》は、西側民主国家にとって明白であり、二〇〇五年にチュニジアでインターネット関連の国際会議が開催されたときには、欧米の市民団体を中心に激しい反対運動が起こった。

エジプトも同様に、積極的にインターネットの導入・発展をはかった。意図するところはチュニジアのケースと大差ない。ただし、固定電話の契約数が一〇〇人当たり一〇件にも満たない国でナローバンド時代のインターネットがどの程度、普及するかは疑問である。実際、二〇〇〇年になってもエジプトにおけるインターネットの普及率は一%を下回っていた。

しかし、この頃からエジプト政府も本腰をいれはじめる。当

◀**現代のアレキサンドリア図書館**　外壁には世界各国の文字が刻まれている(左)。図書館にはバスに乗った観光客が訪れる(左下)。図書館内部(右下)。

時、筆者はエジプトの首都カイロに住んでいたのだが、インターネットの急速な普及を実感することができた。例えば、二〇〇〇年にはＡＤＳＬ[23]が導入され、二〇〇一年にはダイアルアップ方式のインターネット接続がすべて無料になった。ただし、ＡＤＳＬを用いた常時接続はきわめて高額であり、無料のダイアルアップ接続は回線の質がきわめて悪かった。

世界銀行のデータによれば、二〇〇〇年時におけるエジプトの一人当たりＧＤＰは一五〇〇ドルである。つまり、個人あるいは家庭内でインターネットを利用できる層は、エジプト基準でいえば、かなり恵まれた階層だろう。前述したチュニジアのケースと同様、インターネットを利用できる階層であれば、独裁体制下であろうと、それなりの恩恵を受けているはずなので、反体制運動に活用することは少ないだろうと踏んだのかもしれない。ただし、結果的にはそれが大きなまちがいであったことは、アラブの春で明らかになる。

さて、エジプトの場合、情報通信技術の発展のため、ちょうどマレーシアのＭＳＣと同じように、情報通信関連の大規模なプロジェクトを計画していた。一つは、ユネスコの支援でアレキサンドリアに建設されたアレキサンドリア図書館（ビブリオテカ・アレキサンドリーナ）である。これは、史上名高い古代の知の殿堂、アレキサンドリア図書館を現代のテクノロジーと新しい意味で復活させたもので、図書館部分のほか、インターネット・ア

[23] 非対称デジタル加入者回線を意味する英語の頭文字。ナローバンドとブロードバンドの橋渡し的な位置付けになる。

ーカイヴ、研究施設、博物館などの施設からなる。

アレキサンドリア図書館のウェブサイトには、同図書館の目標としては、世界がエジプトを知る窓になること、エジプトが世界を知る窓になること、デジタル時代をリードする研究機関になること、教育・寛容・対話・相互理解の中心になることの四つがあげられている。筆者は何度か同図書館を訪問したが、正直、ここが知の中心になれるかどうか、大きな疑問を感じたものであった。いかにもエジプトらしいのだが、筆者には、エジプト政府が、この図書館を情報通信技術の基盤とするよりも、奇抜な建築物などで人を集め、外貨を落としてくれる新たな観光施設としようとしているとしか思えなかった。実際、筆者が同図書館を訪問したときには、館内で本を閲覧している人は少なく、また入り口には観光客用の入場券売場もあり、観光バスが頻繁に出入りしていた。

一方、エジプト情報通信産業の、もう一つの柱となるべく企画されたのがスマート・ビレッジ構想である。計画そのものは一九九〇年代にスタートしたが、実際にプロジェクトが起動したのは二〇〇〇年、開設は二〇〇三年であった。こちらは、アレキサンドリア図書館と異なり、企業活動を中心とする情報通信特区であり、エジプト政府はここを中東における情報通信のハブとすることを企図した。マレーシアのＭＳＣのエジプト版である。

ただし、これらアラブ諸国のＩＣＴ政策はかならずしもうまく機能しているわけではない。こうしたプロジェクトでもっとも名を知られた、ドバイ政府肝いりのドバイ・インターネット・シティーにしても、たしかにアメリカのマイクロソフトや日本のキヤノンなど、たくさんの有名情報通信企業を集め、それなりの収益をあげているようだが、ここから新しい情報通信技術が生まれたわけではないし、またアラブ首長国連邦（ＵＡＥ）に特徴的なインターネット文化がつくり出されたわけでもない。

少なくともアラブ諸国にかぎってみれば、唯一創造的な情報通信技術を発展させてきたのはヨルダンであろう。ヨルダンは一人当たりＧＤＰにしろ、インターネットの普及率にしろ、国内の非民主的政治体制にしろ、チュニジアやエジプトとさして変わらない。しかしヨルダンの場合、アブダッラー二世国王およびラーニヤー王妃[24]のイニシアティヴで全国の学校にインターネットやコンピューターを設置するなど、情報通信技術の国民的な底上げに重点をおいているようにみえる。

その結果かどうか、例えば、ヨルダンからは「マクトゥーブ」という画期的なポータルサイトが生まれた。[25]一九九八年に設立されたこのサイトは、アラビア語が容易に利用できるという点で、アラブ世界から多くのユーザーを集めた。このサイトがいかに高い技術をもっていたかは、アメリカのインターネットの老舗、ヤフー！が二〇〇九年に八〇〇〇万ドルでマクトゥーブを買収したことからもわかる。現在、マクトゥーブはヤフー！マクト



[24] ラーニヤー王妃は結婚前，アップル社で働いていたことがあり，ICTにはかなりの思い入れがあるようだ。今日でもユーチューブや，フェイスブック・ツイッターといったSNSで積極的な情報発信をおこなっている。

[25] マクトゥーブはアラビア語で「書く」をあらわす動詞カタバの受動分詞で，「書かれる」「手紙」などを意味する（http://maktoob.yahoo.com/）。

ゥーブとして、アラブ世界におけるヤフー！公式サイトになっている。そのほか、いまでも定番のポータルサイトの一つであるアラビア・オンライン[26]やバウワーバ[27]、それにソーシャル・ネットワーキング・サービス（SNS）のジーラーン[28]やワトウェト（七五頁参照）などもみなヨルダン生まれである。またヨルダンでは、こうした、いわゆるベンチャー企業を支援する制度も整備されつつあり、ここにもまたラーニヤー王妃らヨルダン王家が密接にかかわっている。とくに有名なのが「ラーニヤー王妃企業活動センター」で、情報通信関係のベンチャー企業への支援で重要な役割をはたしているといわれている。そのほか、オアシス500というベンチャー・キャピタルも知られており、こうした王族を含む積極的な情報通信産業育成策によって、ヨルダンは「中東のシリコンバレー」とよばれるまでに成長していったのである。

## ウィンドウズ95の登場

アラブ諸国にかぎっていうと、インターネットが大きく発展した飛躍点がいくつかある。その一つは一九九六年である。この年、のちにアラブ世界でICTの牽引役になるUAEでインターネットが解禁された。しかし、もっと重要なのはこの年にマイクロソフト社からウィンドウズ95のアラビア語版が発売されたことであろう。

[26] アラビア語の総合サイト（http://www.arabia.com/）。
[27] 英語・アラビア語による中東専門サイト（http://www.albawaba.com/）。
[28] アラビア語のSNS，ブログ，生活情報などを提供するサイト（http://www.jeeran.com/）。

前述のごとく、コンピューター上のアラビア語処理は複雑な政治情勢もからみ、なかなか統一的な文字コードが制定されなかった。個々のコンピューターでさえ容易にアラビア語を表示できないのに、オンラインでとなれば、なおさら困難がともなう。インターネット黎明期でも多くのアラブ人やムスリムたちがオンラインでアラビア語を表示しようと努力したが、うまくいかなかった。もっとも汎用性が高い方法は、ワープロなどで作成した文書を画像として保存し、その画像をオンライン上にアップロードするという、非常に面倒なやりかたであった。初期のインターネットは低速回線のダイアルアップ方式が主流であり、画像の表示には時間がかかる。さらに、画像では検索ができないため、アラビア語のオンライン表示は手かせ足かせをはめられた状態だったのである。この状況を一変させたのがウィンドウズ95であった。

ウィンドウズ95によってパソコンだけでなく、オンライン上のアラビア語処理も容易になり、インターネット上のアラビア語人口やアラビア語のウェブページも飛躍的に増大した。ただ、文字コードの統一はまだ不完全で、ウィンドウズで作成したページ、マッキントッシュで作成したページはそれぞれのコンピューターでしか読めなかったり、いちいちブラウザーで文字コードを変換しなければならなかったりした。アラビア文字、あるいはほかのイスラーム諸国の言語をきちんと表示するためには、ユニコードを実装したＯＳの登場を待たねばならなかったのである。事実、一九九八年になっても、アラブ世界のインターネット利用者の四〇%が自分のコンピューターのブラウザーでアラビア語が読めなかったという調査結果がある。

## インターネット上のイスラーム

イスラーム世界のインターネットの場合、こうしたオンライン上のコンテンツや電子書籍は、かなり早い段階から、宗教色の強い内容をもっていた。もちろん、これは単にイスラームだけの問題ではない。世界中のさまざまな宗教がインターネット揺籃《ようらん》期からオンライン上に大きなプレゼンスを維持していた。しかし、イスラームはその傾向がとくに強く、ムスリムたちがインターネットを用いはじめた最初期の時点から、イスラームという信仰はオンライン上に深く根を張っていたのである。

このインターネット揺籃期における仮想空間上のイスラームは、主として欧米、とくにアメリカに留学したり、移住したりしていたムスリムたちによって維持されていた。とりわけめだっていたのが、アメリカの多くの大学に設置されている「ムスリム学生協会」[29]に参加していた学生たちであった。

イスラーム世界から欧米の大学へわたった学生には理科系の学生が多かったので、留学



[29] ムスリム学生たちの相互扶助団体。はじめアメリカやカナダの大学に設置されたが，現在は日本の大学でも類似の組織がつくられている。

先の大学で最新のコンピューターやインターネットを利用できる環境にあった。しかし、ＨＴＭＬ技術が普及し、ウェブページによる情報発信が人気になると、彼らは、クルアーンや預言者ムハンマドの言行録であるハディースの英訳や、そのアラビア語テキストを画像でオンライン化したりなど、さっそくイスラームに関する情報を発信しはじめた。これが一九九〇年代前半にあたり、いまだ中東でインターネットが利用できない時点で、すでに欧米では仮想空間上にイスラームが大きなプレゼンスをもちはじめていたのである。

こうしたイスラームにおけるインターネット上の宗教意識の高さは、一つには情報発信をするムスリムに、ムスリム学生協会というある程度のイデオロギー性をおびた団体に所属する者が多かったことで説明できる。ただ、その後のイスラーム関連ウェブサイトの人気の隆盛をみると、理由はそれだけではあるまい。おそらく、情報発信する人々のなかでのイスラームのプレゼンスの大きさがそのままサイバースペース上にも反映しているとみるべきだろう。

例えば、筆者が一九九九年にあるサイトを使っておこなった、アラビア語ウェブサイトの人気調査では、確認できた五六一のサイト中、四三がイスラーム専門サイトで、三一がイスラーム的内容を含むサイトであった。つまり、ランキング全体の約一三％がなんらかの意味でイスラームに関係していたのである。また、ベスト二〇のなかには五つのイスラーム関連サイトがはいっており、アラビア語サイトのなかではイスラーム系のサイトが、単に数が多いというだけでなく、人気も高いことがうかがわれた[30]。

ただし、この人気調査は科学的なものではない。実際、二〇〇三年に同じサイトを使った調査では、ベスト二〇のなかにイスラーム系サイトは一つも含まれていなかった。じつはこのときは、アラビア語サイトとは別にイスラーム系サイトの人気ランキングが用意されており、イスラーム系サイトはそちらのほうにリストアップされていたのである。だが、このイスラーム部門にノミネートされたサイトは、投票数・サイトへの訪問数ともに、一般部門と比較すると、圧倒的に少なかった。したがって、むしろ宗教系サイトの人気はこの間に下降したといってもいいかもしれない。

これをどのように解釈すべきなのか。一つの解釈は、イスラーム系サイトは、イスラーム世界、とくにアラブ諸国へのインターネット導入期から非常に活発で、その勢いは一般の世俗的なサイトを凌駕していた。しかし、この地域でインターネットが普及しはじめると、宗教以外をテーマにしたサイトが増加し、結果的に宗教系サイトへの人気が拡散した、ということである。

しかしながら、イスラームの本家本元である中東では、ちょうど五〇〇年前に活版印刷が忌避されたときのように、宗教界の一部はインターネットの導入にかならずしも積極的



30 アラーンク・コムというサイト(http://www.arank.com/)を利用した。アラビア語ウェブサイトの人気投票がおこなわれている。

ではなく、それどこからむしろ否定的でさえあった。前述の人気ランキングで上位にはいっていた「イスラーム系」サイトのほとんどは、じつはイスラーム諸国内の公的な宗教機関のサイトではなく、個人がつくった、あるいは私的な組織がつくったサイトだったのである。

ただし、例えば一九九七年にできた「イスラーム・オンライン」というサイトは、カタルを拠点とする有名なイスラーム法学者、ユースフ・カラダーウィーの監修によるもので、カタル政府のお墨つきといえる。少なくともスンナ派イスラーム世界ではもっともよく見られているサイトの一つであり、また評価の高いところでもある[31]。

なお、仮想空間上のイスラームは当然のことながら、ある程度まで現実世界を反映したかたちになっている。スンナ派とシーア派のサイトは明確にわかれており、そのほかムスリム同胞団や、サラフィー主義者のサイトもあり、さらには過激なジハード主義者[32]たちの居場所さえも存在しているのである。

ちなみに、インターネットの分析をおこなっているアレクサ・ドットコムのイスラーム系サイトのランキングでは、イスラーム・オンラインは総合二五位(二〇一三年八月二十日現在)。それよりも上位の七位にシーア派の最高権威の一人、アリー・スィースターニーの公式サイトがはいっている。さすがにアクセスの六〇%はイランとイラクからだが、北

[31] http://www.islamonline.net/。カラダーウィーは元ムスリム同胞団員のエジプト人。長い間カタルを活動の拠点としており，本サイトもカタル国内のサーバーにおかれている。したがって，イスラーム・オンラインのコンテンツはカラダーウィー的イスラームに強く影響されており，世界中からアクセスはあるものの，多くはカタル国内からである。

[32] 日本のメディアではしばしば「イスラーム過激派」とよばれ，テロリストと同一視されることも多い。「ジハード」は「聖戦」と訳されるが，その原義は「努力」で，具体的には「イスラームを守るための努力」「イスラームを広めるための努力」を指す。しかし，「ジハード主義者」はこのジハードを「武装闘争」の意味でしか使わない。

欧やサウジアラビアからのアクセスも少なくない。

## イランとイラクのケース

イスラーム・オンラインができたのと同じ年、一九九七年十二月に、イランの有名な保守派ウラマー、アフマド・ジャンナティーがインターネットについて金曜礼拝の説教で述べている。当時、イラン政府はインターネットを積極的に導入しようとしていたが[33]、この説教はそれに水をさす内容になっている。少し長いが引用してみる。

インターネットは誰でもアクセスできる。人々は、政治的な内容から治安にかかわるもの、ポルノ、歌舞音曲、映画、風景までなんでもみつけられる。残念ながら、われらの役人たちの一部はこれらのことに注意をはらっていない。（中略）インターネットへのアクセスは規制されるべきである。研究や科学的な目的だけに制限すべきであり、そうすれば適切な使用になるだろう。適切な使用を阻害するのはまちがいである。インターネットは科学や研究には大変役に立つからだ。この種の使用法は特定の人々や組織にのみ許されるべきである。さもなければ、インターネットは人々の口にそそがれる毒になるだろう。（中略）子どもが毒を飲んでも、病院で治療を受ければ、なおるだろう。しかし、（インターネットの）毒は一〇〇人の医者でも容易になおせるもので



[33] イランはかなり早い段階からイスラーム革命の指導者，ルーホッラー・ホメイニーの著作やシーア派関連文献のデジタル化・オンライン化を進めていた。

はない。

おもしろいことに、同じ年、イランの宿敵であったイラク——当時はサッダーム・フセイン政権下で、いちおうは世俗的な国家であった——の『ジュムフーリーヤ』紙が社説でジャンナティーと同じようなことを主張していた（一九九七年二月十七日付）。いわく、「インターネットは文化・文明・利益・倫理の終焉である」。またいわく、「インターネットは世界中すべての家にはいり込むためのアメリカの策略である。アメリカ人は新しいデジタル社会において人間を管理する唯一の存在になろうとしている」。

これらは、かつて中東諸国が欧米の衛星放送に対して展開していた批判とまったく同じロジックである。さらに問題なのは、衛星放送の場合と同様、こうした言説が、インターネットの禁止・規制・監視を正当化する根拠としても機能する点であろう。倫理的な側面から、例えばポルノを規制するというのは当然だが、それと一緒に政治的な内容までも規制・監視しようとするのは、西側民主主義の基準から明らかに逸脱している。

イランや当時のイラクのような反米国は、欧米からの批判など気にもとめないかもしれない。実際、イランは厳しくインターネットを規制しているし、後述するように、最近ではインターネットからの離脱まで言い出している。イラクにいたっては、二〇〇三年にサッダーム・フセイン体制が打倒されるまで、まともなインターネットは使用できない状態であった。イラクがはじめてインターネットに接続したのは一九九八年だが、一般公開されたのは二〇〇〇年である。しかも最初はインターネットカフェでの利用に限定されていた。当時、イラクでインターネットを統括していたアフマド・ハリール運輸通信相はオープンしたバグダードのインターネットカフェについて、利用者は「ほとんどどんなウェブサイトも閲覧できる」が、「イスラームの教えに違反したり、道徳・倫理に抵触しないものにかぎる」と述べている。「イスラームの教え」や「道徳・倫理」が曲者《くせもの》で、ここにじつはそれ以外のさまざまなものが含まれているのは自明であろう。

当時のイラクでは衛星放送受信用のアンテナを所有することすら禁止されており、実際、このインターネットカフェにしても政府直営で、民間人が同様のインターネットカフェを開設することは許されていなかった。また、人々は自宅からコンピューターや電話回線を使ってインターネットにアクセスすることはできず、たとえ自分でコンピューターをもっていたとしても、電子メールを送るときは、わざわざインターネットカフェまでいかなければならなかったのである。[34]

インターネットカフェの利用料は当時、一時間で二〇〇〇ディーナール。米ドル換算するとわずか一ドルだが、学校の教師の月給が六〇〇〇ディーナールという状況では、ドルをもてない一般庶民にとってはインターネットの利用は文字どおり高嶺の花であった。ま



34 当時イラクでは，コンピューターと電話回線を結ぶ装置であるモデムの所有も禁止されていた。

た、電子メールのアカウントをつくるにも、政府直営インターネットカフェのターミナル経由でなければならず、インターネット上で政府批判をおこなうのは事実上不可能といって良かった。

サッダーム・フセイン政権末期、イラクのインターネット利用者の数は約三万人とも四万人とも推測されている(当時のイラクの人口は約三〇〇〇万)。しかし、その大半は政府関係者で、イラク政府が主張していた「人々に外の世界でなにが起きているのか知らせる試み」というのがいかにおためごかしであったかわかるだろう。

一方、イランの場合、さすがにイラクのように事実上の全面禁止というやりかたをとることはできなかった。イランがとったのは――これはほかの権威主義的なイスラーム諸国でもよくみられるのだが――一般市民のインターネット利用を検閲・監視するだけでなく、体制側からも大量の情報を発信し、それを防壁にして一般市民を「腐敗・堕落」した情報から守るというやりかたであった。

## サウジアラビアのケース

イランやイラクに対して、「親米国」ではこれほどあからさまな規制措置はとりにくい。しかし、背に腹はかえられずで、体制を危機におとしいれるような情報が国外から流入したり、国内から発信されたりすることは避けなければならない。例えば、親米国の代表、サウジアラビアのインターネット規制のケースはその意味で興味深いものがある。ちなみにサウジアラビアでインターネットが公開されたのは一九九九年で、親米国のなかではもっとも遅い部類である。経済的にも、インフラ的にももっと早くにインターネットを公開できたのに、なぜ一九九九年までずれ込んだかというと、当時まことしやかに囁《ささや》かれていたのは、当局がインターネットの規制を確実にするのに手間取っていたため、ということであった。

サウジアラビアの規制は非常に単純で、政府機関であるインターネット・サービス・ユニット(ISU)がサウジアラビアを通過するあらゆるトラフィック(情報の流れ)を管理し、フィルターをかけるというものである。つまりサウジアラビアは原則、すべてのウェブサイトを検閲するという気の遠くなるような方法をとっている。国内のインターネット利用者はどのISPを利用するにせよ、このISUによって維持管理されたプロキシー・サーバーを経由しなければならない。利用者がどこかのウェブサイトにアクセスしようとすれば、ここでブラックリストと照合され、もし、そのサイトがリストアップされていれば、アクセスは拒否されるのである。

サウジアラビアでは法律上、反イスラームだけでなく、反政府や反サウード家(サウジアラビア王族）の情報をインターネットで流したり、アクセスしたりすることは禁止されている。問題はこうした基準がかなり恣意《しい》的になりがちだということだ。例えば、二〇〇二年におこなわれた六万四〇〇〇のサイトを対象にした調査では、そのうち二〇〇〇以上のサイトへのアクセスが拒否されたという。このうち性的な内容を含むものは七九五で、二四六は宗教的なサイト（うち六七はキリスト教関連で、イスラームに関するものも四五含まれている）であった。そのほか音楽関係、映画関係、同性愛関係のサイトが多くはねられている。

この調査にはブロックされたサイトのリストも出ているが、その多くは、例えばポルノ関係やイスラエル関連のサイトのように、明らかに前述のルールに反するものであった。なかにはいったいなんでこんなサイトが、というものも含まれているが、それらもよく見ていくと、女性の水着姿や、煽情《せんじょう》的な写真がのせられていた。またイスラーム関係では、シーア派やスーフィズム関連のサイトはブロックされているし、例えば、一九九〇年代に活発に活動していた「アラビア半島改革運動」などサウジアラビア反体制派のサイトも、もちろん見ることはできなかった。

こうした状況はサウジアラビアだけではない。例えば、中東ではもっともインターネットの普及した国の一つであるＵＡＥでも、検閲の厳しさは大差ない。筆者がドバイで原稿

*Column #01*

# インターネットはハラールかハラームか

考えてみれば、テレビや映画、音楽を目の敵にするアフガニスタンの反政府武装勢力ターリバーンですら、インターネット上でサイトを維持しているのだから、いまさらインターネットはイスラームで許されるのかどうか、という議論は意味をなさないのであろう。たしかにこうした議論は、電話や写真、テレビなどの欧米起源の科学技術がイスラーム世界にはいってくるたびに、繰り返されてきたものである。しかし、インターネットの場合には、インターネットそのものがイスラーム法上ハラール(許されるもの)かハラーム(許されないもの)かという議論はほとんどなかった。基本的にはインターネットは中立的な道具にすぎず、問題なのはそこにアップロードされた中身であり、それを利用する人々の意図のほうである、という大人の対応ができていたことは大きい。

だが、サイバースペース上の仮想イスラーム世界であっても、現実のイスラームの戒律が適用されるべきだと、多くのイスラーム法学者たちは考えている。そして、政府はこうした法学者の意を受け、イスラームの教えに抵触するようなウェブページや画像・動画などを取り締まるのである。かくして、大半のイスラーム諸国ではポルノやアルコール・麻薬、さらに同性愛などの内容のサイトへのアクセスが禁止されることになる。また、政府がイスラームを錦の御旗に反政府的内容までも検閲・監視対象とすることは少なくない。

しかし、政府の検閲によって一部のサイトへのアクセスが拒否されたとしても、すべての人たちがそれであきらめるわけではない。なかにはさまざまな工夫をこらして、政府のブロックをかいくぐって、めざすサイトにたどりつこうという豪の者もいる。彼らは検閲を回避したり、痕跡を消すためにプロキシー・サーバー(政府の強制するプロキシー・サーバーとは別のもの)を利用したりするが、敵もさるもので、そうすると今度はそのプロキシーを閲覧禁止リストにいれる。すると、今度はまた別のプロキシーを探し出す、といったイタチごっこが繰り返される。

ペルシア語では、検閲を逃れるためのソフトを「フィールテル・シェキャン(フィルター破り)」といい、多くのイラン人が利用しているとされる。ためしに、グーグルの画像検索を使って、英語で「フィルター・ブレーカー」を検索してみると、英語にまじってたくさんのペルシア語の画像が出てくる。このあたりからも、イラン人がフィルター破りを愛用していることが推察できる。もちろん、大半のイスラームの国ではこうしたソフトを使うことすら違法である。

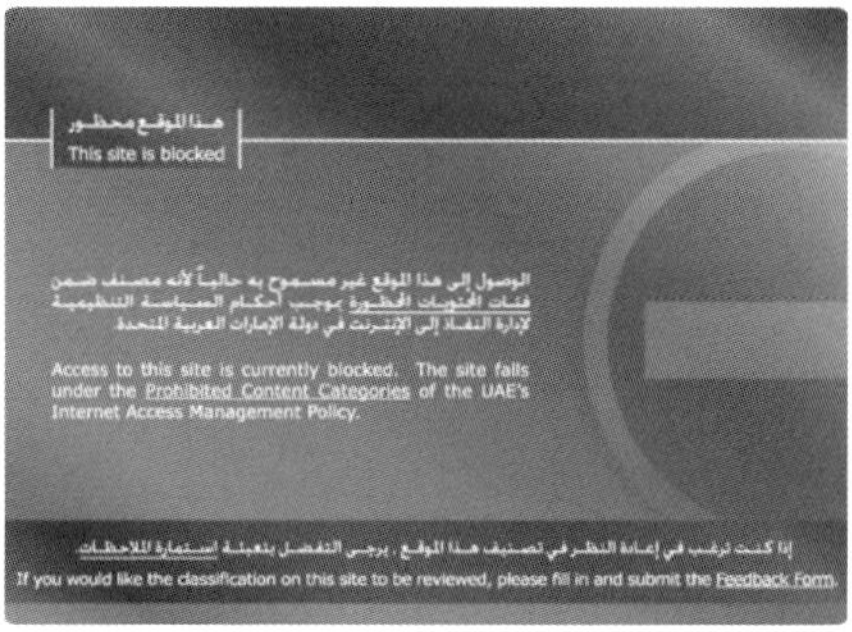


**▲ブロックされたサイトへアクセスしようとするとあらわれる警告画面**(UAEの場合)

を書いていたとき、必要があってクウェートのシーア派に関するサイトを閲覧しようとしたら、ブロックされてしまった。すぐそばの同盟国のサイトであっても、検閲や監視の対象になるのである。

こうしたインターネットに対する対応は、欧米のNGOや人権団体による批判の的になっており、例えば、パリを本拠地とする「国境なき記者団」は、二〇一二年の「インターネットの敵」として、バハレーン、ベラルーシ、ミャンマー、中国、キューバ、イラン、北朝鮮、サウジアラビア、シリア、トルクメニスタン、ウズベキスタン、ベトナムの一二カ国を、また「監視対象国」として、オーストラリア、エジプト、エリトリア、フランス、インド、カザフスタン、マレーシア、ロシア、韓国、スリランカ、タイ、チュニジア、トルコ、UAEの一四カ国をあげている。「敵」のほうはおなじみの独裁国家ばかりだが、半分の六カ国はイスラームの国であり、「監視対象」もやはり半分の七カ国がイスラームの国である。

しかし、サウジアラビアのケースでも、ほかの「敵」と名指しされたイスラーム諸国にしても、国民を外の世界から隔絶させるつもりはなく、彼らのルールを守っているかぎり、むしろ積極的にインターネットを拡大していこうという体制側の意志は感じられる。事実、インターネット公開で後れをとったサウジアラビアでも、いったんインターネットの利用が認められれば、サウジアラビアの公的なイスラームは積極的に仮想空間上に進出していった。今では、もっとも保守的とされる勧善懲悪委員会(宗教警察)を含め、同国の大半のイスラーム系機関がなんらかのかたちでインターネット上にプレゼンスを維持している。

# 第2章　多様化するサイバー・イスラーム

## イスラーム世界のデジタル・ディバイド

イスラーム世界で国ごとにインターネット普及に大きな差があるのは、宗教や政治だけが理由ではない。より深刻なのはやはり経済的な問題であろう。例えば、二〇〇〇年時点でのイスラーム協力機構〈ＯＩＣ〉加盟国における個人によるインターネット利用率は二・二％、アラブ連盟加盟国では約三％である。いずれも当時の世界平均九・四％よりだいぶ低い〈国際電気通信連合〈ＩＴＵ〉における数値〉。ＯＩＣ加盟国でこのとき世界平均をこえていたのは二一・四％のマレーシアと二三・六％のＵＡＥだけである。

イスラーム諸国のインターネット利用率はその後、急激に伸びてはいるが、ＩＴＵの統計では二〇一二年の段階で依然世界平均を下回る。アラブ連盟加盟国の平均は世界平均に近づいているが、じつは数字を押し上げているのは豊かな産油国で、これらの国ではインターネット利用率はほぼ先進国並みである。

イスラーム諸国のなかには、貧困国に分類される国も少なくない。ダイアルアップ時代には必須であった電話線の整備すらおぼつかないのだから、インターネットどころではないだろう。また、ソマリアなどのように一九九〇年代以降、ずっと内戦状態の国もあり、こうした環境では大規模なインフラ整備は難しい。

ただし、こうした国々では莫大な投資を必要とする電話回線が普及する前に、携帯電話や無線LANなど最新のインフラが導入されはじめており、後発のメリットを享受できる可能性もある。実際、内戦で世界最悪の破綻国家とされているソマリアでは、多くのソマリア人たちがインターネットカフェや携帯電話を使って、インターネットにアクセスしており、しかも、近隣諸国と比較して安価で質の高い回線を利用できているという。[1]

国連開発計画（UNDP）の出した『アラブ人材開発報告』（二〇〇二年）は、アラブ諸国間のデジタル・ディバイド（格差）の要因として、①国家的情報戦略の欠如、②域内機関の脆《ぜい》弱《じゃく》性、③財政機関の情報戦略への関心の低さ、④教育予算の低迷、をあげている。加えるに、言語障壁や補習教育・生涯教育の欠落（依然として識字率が低い）なども社会的要因として指摘できる。

情報戦略の有無が重要なのは、例えばマレーシア、チュニジア、エジプト、ヨルダンなど明確な情報通信産業の未来を提示している国が、GDPと比較して高いインターネット

[1] 安価なのは，無政府状態であることから，税金がいっさいかかっていないため。質が良いのも，まったく規制がないのと，適度の競争があるためとされる。回線の設置はほとんど中国の業者によるといわれており，端末も大半が中国製である。

の普及率を示していることにもあらわれている。ただ、情報戦略の一環として厳格な情報統制をおこなうことも、イスラーム世界ではしばしばあることを忘れてはならない。イラクやリビア、シリアなどのケースがそれにあたる。こうした極端に閉ざされた体制では、その体制のままで開かれた情報通信戦略を打ち出すことはおそらく不可能であろう。結果的にみれば、イラクにしろ、リビアにしろ、インターネットが自由に使えるようになるのは、独裁体制が力ずくで打倒されてからであった。

## 九・一一事件とイスラーム世界のインターネット

イスラーム世界のインターネットは、二〇〇一年九月十一日に起きたアメリカにおける同時多発テロ、いわゆる九・一一事件をきっかけに新たな意味をもつようになった。一九人のアラブ人ムスリムがハイジャックした飛行機四機に分乗、二機はニューヨークの世界貿易センタービルに、一機はワシントンのアメリカ国防総省(ペンタゴン)に突っ込み、残る一機はペンシルヴェニア州の森に墜落した。ハイジャック犯だけでなく、飛行機の乗客・乗員、そして世界貿易センターやペンタゴンにいた人々約三〇〇〇人が死亡した。犯行グループは当時アフガニスタンを拠点にしていた国際テロ組織、アルカイダであった。

この日を境に、世界は大きく変貌する。そして、現実世界が大きく変わっていったのと同様、サイバースペースもこの日を期に劇的に変動したのである。とりわけイスラーム世界のサイバースペースは、それまでの国家や体制、既存の価値観に支配・管理された、いわば静的な状態から、一気にジャングルの掟が支配する状態へと移っていく。イスラーム諸国、とくにアラブ世界のインターネット・ユーザーたちは、世界中でうずまくイスラーム非難の声にさらされていったのである。

もちろん彼らも、アルカイダの犯行をどのように理解していいのか迷っていたはずである。しかし、当時のメディアから流れでるアラブの世論は、ある意味ステレオタイプのものばかりで、例えば、アルカイダを賞讃するもの、アメリカの中東政策を非難するもの、イスラエル陰謀説を唱えるものなど、どちらかといえば、アラブやイスラームの責任を回避しようとする傾向が強かった。当時のアラビア語メディアの多くも、さすがにアルカイダを賞讃するものは論外としても、テロを非難しつつ、やっぱりアメリカの中東政策がまちがっているのが原因であるといった、紋切型の論調がめだっていた。

公的なメディアでこうした自己弁護的な言説が主流をなすなか、九・一一事件をきっかけに、ムスリムたちはサイバースペースで、まったく新しい、きわめて自由にみえる議論を戦わすようになっていた。その場は、体制側の検閲や監視を受けやすいウェブページではなく、日本でもその少し前から大人気になっていた、いわゆる電子掲示板であった。日本の有名な掲示板「2ちゃんねる」が開設されたのが一九九九年だが、それとほぼ同じ頃から、イスラーム世界、とくにアラビア語の世界でもさまざまな形式の電子掲示板が登場し、人気を博すようになっていた。例えば、「サーハ」は一九九七年にできたアラビア語による最初の掲示板といわれている。[2] また、二〇〇一年初めにつくられた「わたしはムスリム・ネット」はイスラーム関連の総合的な掲示板である。[3]

興味深いのは、こうした掲示板のなかではかなり突っ込んだ、自由な議論がおこなわれていたことである。しかも重要なのは、ここで積極的に議論に参加している人たちがほとんどみな無名の一般市民であろうということだ。これまで、イスラーム世界では不特定多数の人たちがメディアや公的な空間で自由に意見を表明することは難しかった。それをある程度まで可能にしたのがこの掲示板であった。[4] まさにサイバー・イスラーム上に「公共圏」が誕生したのである。

もちろん、初期の頃はかならずしも議論は活発ではなく、むしろ様子見というか、恐るといった感じで、単にほかのニュースサイトへのリンクを貼りつけるのが中心であったが、当局側の掲示板への取り締まりがあまり厳しくないのがわかってくると、そして九・一一事件など、議論すべき大きな事件が立て続けに起きると、人々は掲示板上で自由闊達《かったつ》な議論を始めるようになった。



2 http://www.alsaha.com/。インターネット上の登録データによると，サービス開始は1998年。

3 http://www.muslm.net/。

4 掲示板は英語ではフォーラム，アラビア語では英語と同じ意味のムンタダヤートとよばれる。

掲示板は多数のスレッド（トピック）にわかれ、スレッドごとに割り当てられた個別のテーマについて議論をおこなうのだが、ここでのテーマの多くが現実社会のかかえるさまざまな問題を反映したものであったことはいうまでもない。それこそ、日本のアニメから化粧品の品評、中東和平、アルカイダの活動まで多岐にわたる。

九・一一事件後、比較的自由な発言ができるようになった理由の一つには、事件後に多くのムスリムたちが感じていた閉塞感や怒り、不満などのガス抜きの意味もあった。さらにもう一つ考慮にいれなければならないのは、こうした機微な議論をおこなう掲示板の多くが、イスラーム諸国ではなく欧米のサーバー上に設置されていたことである。

いずれにせよこれによって、非民主的で、表現の自由のないイスラーム諸国の人たちでも、不特定多数が集う公的な空間において——たとえそれが仮想的な場にすぎずとも——比較的自由に発言する機会をえたことの意味は大きい。

もちろん当局は、議論が白熱し、一線をこえるようなことがあれば、掲示板へのアクセスをブロックすることもできるが、サーバーが欧米にあるので、掲示板そのものを閉鎖することはできない。一方、掲示板へ投稿する人や閲覧する人たちは、自分たちの好きな掲示板へのアクセスがブロックされれば、いろいろな手段を講じてブロックを回避し、なんとかアクセスを確保しようとする。こうした掲示板にはたいてい当局の監視や検閲を回避する方法を教えたり、そうした情報を交換したりするためのスレッドが用意されており、掲示板参加者たちはこれらのスレッドを使って日々、技術をみがいているのだ。

ここでの議論には、単に検閲を回避するだけでなく、より攻撃的な技術、例えばハッキングとかクラッキングといった、標的とするコンピューターやネットワークを破壊するような技術も含まれる。そして、こうしたなかからムスリムのハッカーが育っていった可能性も否定できないだろう。

## バーチャル・インティファーダ

イスラーム世界のハッカーといって最初に大きな話題になった事件は、二〇〇〇年に勃発したイスラーム対イスラエルのネット上の戦いである。きっかけは同年十月七日にレバノンのシーア派武装組織ヒズバッラーがイスラエル領内に侵入し、イスラエル軍兵士三名を捕縛したことであった。これに対しイスラエルとアメリカのハッカーたちがいっせいにヒズバッラーのウェブページに報復攻撃を加えたため、イスラーム対イスラエル・アメリカ連合のオンライン上での交戦が始まったのである。

イスラーム側もこれに応戦し、イスラエル政府や外務省などのウェブページを攻撃し、ダウンさせた。また、今度はそれに対しイスラエルのハッカーたちがヒズバッラーだけでなく、パレスチナ関連のサイトまでも攻撃対象に加え、戦闘は拡大していった。この戦いはパレスチナの対イスラエル民衆蜂起を指すインティファーダになぞらえて、しばしばバーチャル・インティファーダとよばれた。

この戦いは、初めはレバノンのシーア派組織対イスラエルの戦いだったが、それが、レバノンやシーア派という枠組みをこえてアラブ各国のハッカーたちを巻き込み、その後さらにイスラーム世界やアメリカ本土へと拡大していく。

十一月になると、パキスタンの伝説のハッカー、ドクター・ニューカーがアラブ側に参戦し、アメリカの有名なイスラエル支援ロビー団体アメリカ・イスラエル公共問題委員会(ＡＩＰＡＣ)のウェブサイトに侵入したのである。このときは単にウェブサーバーに侵入して、ウェブページを書き換えただけでなく、内部のコンピューター・ネットワーク(ＬＡＮ)にまではいり込み、ＡＩＰＡＣに寄付した人々の個人情報やクレジットカードの番号まで盗み取った可能性が高い。ＡＩＰＡＣの情報の定期購読者三五〇〇人には、彼から反イスラエル・反ユダヤ的メッセージが送りつけられたのである。こうなるともはやバーチャルという言葉では生ぬるい。明らかにサイバー・ジハード、電子ジハードといった、より激しい言葉のほうがしっくりくるだろう。

ちなみにドクター・ニューカーはパキスタン・ハッカーズ・クラブの創設者で、「異教徒に占領されたイスラームの土地であるカシミールおよびパレスチナの解放」を大義としてハッキング活動をおこなうことを公言しており、当然、標的になるのはインドであり、イスラエルであり、アメリカということになる。

　イスラエルは当時、インターネット先進国とみなされており、その技術力はアラブ・イスラーム諸国を圧倒的に上回っていた。このバーチャル・インティファーダでイスラーム側が一矢報いたことで、イスラーム諸国のハッカーたちは大いに溜飲《りゅういん》をさげたのであった。いずれにせよ、現実世界でのアラブあるいはイスラームのイスラエルの戦いは、この後も姿かたちを変え、さまざまな局面で顕在化する。これは、イスラーム世界のインターネットやコンピューター文化のきわめて大きな特徴となっていく。

　なお、これらの戦いでは原則、民間人のハッカーが強大な敵に攻撃をしかけるというパターンを踏んでいる。しかし、攻撃する側は、ポテトチップス片手にパソコンをあやつるギークとはかならずしもかぎらない。国家対国家、国同士の威信をかけた仮想空間上の戦いもある。二〇一〇年に存在が明らかになったマルウェアの「スタクスネット」のケースはまさにそれであった。[5]このマルウェアは、コンピューター・セキュリティー企業によって最初に報告されてその存在が明らかになったが、その感染例にきわめて強い地域的なかたよりがあったことが注目を集めた。感染したコンピューターの多くがイランにあったの

5　マルウェアとは，「悪意のあるソフトウェア」を意味する英語 malicious software からつくられた造語で，コンピューターに侵入し，不正に情報を収集したり，コンピューターの動作を妨害したりするソフトウェアやコード，スクリプトの総称。いわゆるコンピューター・ウイルスもここに含まれるが，スタクスネットは分類上「ウイルス」ではなく，「ワーム」にいれられる。コンピューター・ウイルスが，病気のウイルスと同様に「宿主（となるファイル）」を必要とするのに対し，ワームは独立したプログラムである。

である。二〇〇二年にイランの核兵器開発疑惑が明らかになると、国際社会はイランを激しく非難し、核開発を放棄させるべく圧力をかけるようになった。一方、イランと対立していたアメリカやイスラエルがイランを攻撃するのではないかとの噂も頻繁に出ており、つねに緊迫した状態であった。スタクスネットは、そのアメリカとイスラエルが共同してイランの核開発を抑止するためにつくったものだといわれている。[6]

このマルウェアは、イランが核開発に使用していたドイツ製システムを標的としていたとされ、実際、これによってウラン濃縮用の遠心分離機が稼働不能になったのである。これでイランの核開発は数年間、遅れたといわれた。

また、二〇一三年八月に発生したシリアにおける化学兵器使用疑惑では、「シリア電子軍」なる謎の組織が反アサド的情報を流す報道機関やインターネット企業などを標的に攻撃をしかけた。これによって『ニューヨーク・タイムズ』紙やツイッターなどの有力サイトが一時的にダウンしている。

## ゲームの世界も政治や宗教の影響を受ける

現実の政治や宗教の影響を受けるのは、コンピューター・ゲームも同様である。任天堂やソニーをはじめとする、いわゆるゲーム産業は、ほんの小さなローカル市場向けのパソ

6 このマルウェアを解析すると，コードのなかに「ミルトス」という語が挿入されていた。ミルトスとは和名を銀梅花《ぎんばいか》という，小さな白い花を咲かせる低木の常緑樹で，ユダヤ教では重要な意味をもつ。『旧約聖書』の「エステル記」の主人公，エステルはヘブル語でハッダサーといい，これはミルトスを意味する。エステルは『旧約聖書』のなかではすべてのユダヤ人を殺害しようとしたペルシアの王からユダヤ人を救ったとされている。当時のイランの大統領アフマディーネジャードは，「地図上からイスラエルを抹殺する」と主張していた。

コン・ゲームを除いて、イスラーム世界では未成熟で、アラブ製やマレーシア製のゲームが国際的に話題になることはありえなかった。イスラーム諸国のゲームファンの大半は英語や日本語のゲーム、あるいはまれにそれらのゲームのローカライズ版で遊ばねばならなかったのである。たしかにアラブ製のゲームもないことはないが、多くがイスラーム関連や教育目的、幼児向けであったりと、若者たちが興奮して遊べるようなものではなかった。

筆者が知るかぎり、アラブ製で、国際的に注目を集めた最初のゲームは、二〇〇〇年に登場した「ストーン・スローワーズ(石を投げる者たち)」というゲームである。登場した年やタイトルからもわかるとおり、第二次インティファーダ[7]に触発されて制作されたゲームであった。インティファーダ関連では最初のアラブ製ゲームということで、アラビア語メディアやイスラエルのメディアでも大きな話題になった。内容は、パレスチナ人の若者がエルサレムのアクサー・モスクの前で、イスラエル軍兵士を倒しまくるというだけのものので、ゲームとしての完成度はグラフィックスを含め、かなり低い。ただし、これは商業ベースのものではなく、制作したのはダマスカス大学医学部の学生であった。

つぎにアラブ製のゲームが話題になったのは二〇〇二年であった。「石を投げる者たち」と同様、シリアから新しい——アラブ初といわれる——3Dゲームが登場した。タイトルは「アンダー・アッシュ(灰の下)」である。こちらもやはりパレスチナのインティファー



7 2000年9月にイスラエル右派政党リクードのシャロン党首がユダヤ・イスラーム双方の聖地であるイェルサレムの神殿の丘(アラビア語では「ハラム・シャリーフ」と呼ばれる)への訪問を強行すると，それに反発したパレスチナ人が暴動をおこしたのをきっかけに，イスラエル当局とパレスチナ人の間で大規模な衝突が発生した。これをハラム・シャリーフにあるモスクの名をとって，アクサー・インティファーダともいう(インティファーダは民衆峰起の意味)。

ダをモチーフにしたもので、プレイヤーは若いパレスチナ人の主人公アフマドになって、イスラエル兵や入植者と戦うという、いわゆるファーストパースン・シューター(一人称視点シューティングゲーム)というゲームのジャンルにはいる。

制作はシリアのアフカール・メディアである。当時、シリアはようやく国内でインターネットを限定公開したばかりで普及率は二・一%しかなく、しかもパソコンの保有率も、人口一〇〇人当たり約一・五台ときわめて低かった(世界銀行のデータ)。こうした事情を考慮すれば、「アンダー・アッシュ」はそこそこの出来といえる。[8] 少なくともアラブ世界ではかなりのヒット作品となり、二〇〇五年には「アンダー・シージュ(包囲の下)[9]」というタイトルで続編もつくられた。前作同様、ファーストパースン・シューターだが、オプションでサードパースン(三人称視点)・シューターも用意されている。主人公はふたたびアフマドだが、今回は、パレスチナ人のスパイがいたり、そのスパイの妻がアフマドの姉妹だったりと、背後に複雑な物語が設定されたほか、グラフィックスもだいぶ強化されており、より飽きさせない構成になっている。

そのほか、似たようなゲームとしては、レバノンのシーア派武装組織、ヒズバッラーが制作した「スペシャル・フォース(特殊部隊)[10]」というゲームもある。こちらはもちろんヒズバッラー対イスラエル戦を描いたもので、最初のステージは訓練段階で、ここをクリア



8 シリアでは2000年に大統領のハーフェズ・アサドが亡くなり，息子のバッシャールが跡を継いだ。バッシャールは1989年に設立されたシリア・コンピューター協会の会長を務めており，大統領就任後，同協会の管理下，シリアでもインターネットが公開された。上記のようなビデオ・ゲームが開発されたのは単なる偶然ではないだろう。
9 同名でソニー・コンピュータエンタテインメント社製のプレイステーション3用ゲームがあるが，これはまったく別のものである。
10 こちらも同名のゲームが複数存在する。

すると、ヒズバッラーの指導者、ハサン・ナスラッラーからメダルを授与される。ここからさきは「実戦」で、仮想空間上でイスラエル兵と戦うことになる。

「スペシャル・フォース」もアラブ諸国ではベストセラーとなった。このゲームはアラビア語だけでなく、英語・フランス語・ペルシア語でも遊べるが、当然、欧米ではほとんど売れなかった。なお、二〇〇七年には続編の「スペシャル・フォース2」が発売されている。こちらは二〇〇六年のイスラエルによるレバノン侵攻をモチーフとしている。[11]

こうしたアラブ製ゲームは、明確に反イスラエル、あるいは反米のプロパガンダを目的としていた。ゲームの公式サイトではそのことをかくそうともしていないし、制作にたずさわった人や組織も仮想空間上でイスラエル人を殺害することには大義があると主張する。[12]

ゲーム中には残虐な場面が多数あるが、それが教育上悪いという批判は、アラブ諸国ではほとんど出てこない。それどころか、開発者たちは、これらのゲームが子どもたちに「抵抗運動の文化」を教え込むためであるとまで述べ、このゲームでアラブの若年層に反イスラエル感情を刷り込むことを正当化している。こうしたゲームは通常、年齢制限があるのだが、西側の報道では、インターネットカフェで小さな子どもがこのゲームを遊んでいる写真が掲載されており、かなり低い年齢からこのゲームにふれているのがわかる。

また、アラブ諸国がこうしたゲームを開発したのは、アメリカ製のゲームや、あるいは



11 なお，ヒズバッラーは2004年にも「イスラエルの子ら」という教育的アクション・ゲームを出している。「スペース・インベーダー」や「パックマン」もどきのゲーム(ただし，攻撃してくるのはエイリアンではなく，ダビデの星や当時のイスラエルのシャロン首相)や，シーア派イスラームの教義に関するクイズなどからなる。

12「アンダー・アッシュ」公式サイトによれば，この作品は「正義を呼びかけ，真実を明らかにし，不正や攻撃を阻止するためのもの」とある。http://www.underash.net/emessage.htm(2013年8月20日閲覧)。

それ以上にハリウッド製映画におけるアラブ人やイスラーム教徒の描かれかたが関係していると思われる。一九八〇年代からその傾向はあったのだが、とりわけ九・一一事件後、アラブやイスラームをテロと直結させた偏見に満ちたイメージが欧米メディアを中心に定着するようになった。これに対するイスラーム側の反発も考慮しなければならない。[13]

## サイバースペース上のジハードと対テロ戦争

二十一世紀におけるデジタル世界での「文明の衝突」は、むろんサイバー・インティファーダやゲームの世界だけではない。九・一一事件をきっかけに拡大したアルカイダとアメリカの戦いは現実の戦争さながらサイバースペース上にも波及していった。事件以前からすでにオサーマ・ビン・ラーデンらアルカイダ幹部のビデオや声明はCDやVCD[14]のようなかたちでアフガニスタンやパキスタンでばらまかれていた。インターネット時代になれば、当然、これらはオンライン化されていくのだが、インターネットの普及が遅れていた地域では、むしろ光学メディアのほうが宣伝効果は高かったといえる。

現実世界のイスラーム主義組織はさまざまなかたちでサイバースペース上のプレゼ





13 こうした現実世界の事件をベースとしたゲームがつくられるというのはもちろんアラブ諸国だけの特殊な現象ではない。例えば，アメリカでも，アメリカ陸軍が全面的に支援した，その名も「アメリカズ・アーミー(アメリカ陸軍)」というゲームがある。これは，3Dのファーストパースン・シューターというジャンルの点では上記のアラブ製ゲームと一致しているが，陸軍の莫大な費用をかけてつくられただけあって，ゲームとしてのレベルはアラブ製ゲームよりもはるかに高い。しかも，このゲームは，実際のアメリカ軍のアフガニスタンやイラクでの戦闘をベースにつくられており，無料で遊ぶことができ，アメリカ軍へのリクルートの道具として制作されたものである。実際，「アメリカズ・アーミー」の公式ウェブページには陸軍入隊用のウェブページへのリンクが貼られていた。

14 VCD(ビデオ CD)は，CD に動画を記録する規格。画質は VHS ビデオと同程度であり，DVD と比較すると格段に悪い。しかし，安価に製造できることからアジアを中心に普及していた。

ンスを維持しているが、ジハード主義系テロ組織の場合、そうはいかない。多くのグループが自国以外のサーバー上にウェブページを構築したり、あるいは組織の背景を特定できないようなかたちに偽装したりしていたが、たいていは政府機関や反ジハード主義のハッカーによって攻撃され、サーバーがダウンしてしまう。すると、今度は別のURLでウェブページを立ち上げ、するとまたハッカーの攻撃を受ける、ということが繰り返された。

例えば、アルカイダのメンバーが運営していたとされるネダー[15]というウェブサイトは、九・一一事件直後にあらわれた、アルカイダの声明やビデオなどを掲載するプロパガンダ・サイトだったが、反イスラーム的ハッカーからの攻撃を受け[16]、やがてアメリカの業者によって乗っ取られてしまった。その後、ネダーは名前を変え、あちこちのフリーサーバーを転々としていたが、やがてインターネット上から姿を消した。

しかし、だからといって、アルカイダのインターネット上の宣伝活動が終息したわけではない。彼らは別のもっと安全な場所をみつけ、そこに移動しただけだったのである。安全な場所とは、アラブ人やムスリムたちが手に入れていた数少ない自由な言論の場であるインターネット上の「掲示板」であった。とくに二〇〇三年のイラク戦争後、アルカイダのイラク支部を含め、さまざまな過激武装組織がウェブサイトでの情報発信から、掲示板での情報発信に移行していった。前述した総合的な掲示板もこの頃にはだいぶイスラーム



[15] 正確にはアラビア半島アルカイダ組織の名義でサイトが構築されていた。また，URLは http://www.alneda.com/ だったが，現在は本文中にあるように，使用されていない。
[16] いわゆる DoS 攻撃が主流だった。DoS 攻撃は日本語では「サービス停止攻撃」などと訳されるが，標的となるコンピューター・サーバーなどに一度に大量の情報を送りつけて過負荷の状態にすることで，機能不全に陥らせることなどを指す。

色が強まってきてはいたが、さらに過激な連中はそこから独立し、自前の掲示板をもつようになっていた。そのなかでもさらに過激な掲示板はＩＤとパスワードでプロテクトされ、部外者が侵入できないようになっていた。

アルカイダを筆頭とする、いわゆるテロ組織はこうした防御の固い掲示板を好んで利用している。彼らは事件を起こした場合、最初にこうしたサイトで犯行声明を出す。それが、ネズミ算式にほかの掲示板に転送・拡散されていくのだが、そのさい、ビデオや長文の声明があると、これらのファイルだけ別のインターネット上のファイル置き場（いゆわるアップローダー）などにおき、掲示板に書き込まれた声明本文にはそこへのリンクが貼られる。これが現在まで続くジハード主義系テロ組織の犯行声明の基本パターンとなる。これが確立したのがちょうどイラク戦争真っ盛りの頃であった。

イラク戦争のときには、日本人もこうしたテロ組織に殺害されるという事件が発生したが、これらの場合もやはりまず犯行声明が掲示板に書き込まれて、さらに殺害の模様などを記録したビデオへのリンクがそこに貼られるというパターンを踏襲していた。ここでビデオ置き場となった無料アップーローダーは匿名で利用できるものが大半だったが、一時期、保存期間の長さ・容量制限のゆるさ・セキュリティーの甘さから日本のアップローダーがさかんに利用されていたことも付言しておこう。アルカイダのイラク支部に誘拐されて、斬首された人質たちのビデオのファイル名に日本のアイドルの名前がつけられるといった無情なこともあった。[17]

## サイバー・ムジャーヒディーン

こうしたサイバー・ジハードともいうべき現象のなかで、インターネット時代を象徴する「スター」たちもあらわれた。彼らを、一九八〇年代にアフガニスタンで活躍したムジャーヒディーン(義勇兵)になぞらえて、サイバー・ムジャーヒディーンとよぶ向きもある。最初に話題になったのが、アブーマイサラ・イラーキーという人物であった。彼はアルカイダ・イラク支部の公式スポークスマンとして、同支部の犯行声明の発表の多くにかかわってきた。彼が殺害されたのちに公開された公式の伝記によると、バグダード生まれのイラク人となっているが、詳細は不明である。

つづく「スター」は通称「イルハービー007」という人物であった。「イルハービー」とはアラビア語でテロリストの意味であり、「007」はもちろんいうまでもなかろう。本名はユーヌス・タサッウリー。モロッコ生まれで、外交官の父とともに二〇〇一年からロンドンに住んでいた。ロンドンではコンピューターやインターネットを学んでおり、二〇〇三年頃からアラビア語掲示板で活動を始めた。



17 当時，アラビア語のインターネット空間には，「日本のアップローダーの賢い使いかた」といった小冊子までが流通していた。こうしたアップローダーには，日本製アニメをアラビア語化したファイルなどもたくさんおかれていたので，利用者はテロリストだけではなく，アニメファンといった人々も含まれていたと思われる。なお，現在，テロ組織はこうした動画をアップローダーのほか，ユーチューブやインターネット・アーカイブなどを利用して発信している。

最初はたわいない書き込みから始まったのだろう。だが、そのうち内容がエスカレートしていき、その専門性を活かして、ジハード主義系掲示板でハッキングの方法やアルカイダの宣伝ファイルのオンライン上での隠しかた、さらには爆弾の製造法などを教示していた。この頃が彼の活動のもっとも華やかな頃といえる。当時、ジハード主義系サイトへの攻撃や彼のようなサイバー・ムジャーヒディーンたちの摘発に執念を燃やしていたユダヤ系アメリカ人とのインターネット上の戦いはなかなかの見ものであった。「イルハービー007」が実際、アルカイダなどのテロ組織と直接的関係をもっていたかどうかはわからない。しかし結局、テロを煽動《せんどう》した容疑で二〇〇五年に逮捕され、懲役一六年の判決を受けた[18]。

テロリスト側の「スター」として、「イルハービー007」以上に重要なのは、アブードゥジャーナ・ホラーサーニーという人物であろう。ホラーサーニーは本名をフマーム・ハリール・バラウィーといい、一九七七年クウェート生まれのヨルダン人である。トルコのイスタンブル大学医学部を卒業し、アンマンにあるヨルダン大学附属病院などで医師として勤務していた。ヨルダン人としては、エリートといっていい。結婚もして、子どもも二人いた。イラク戦争が起きたのはちょうど医師として働きはじめた頃であった。

イラク戦争が始まると、彼はジハード主義系掲示板の常連となり、やがて掲示板の管理

[18] タサッウリーが実際にテロをおこなう能力があったかどうかには疑問が残る。しかし，2005年にはロンドンで地下鉄やバスが同時に爆破され，50人以上が死亡するという事件が起きており，イギリス全体がテロを使嗾《しそう》するような行為に対し神経を尖らせていたことはまちがいない。なお，初審では裁判官がインターネットそのものを理解できず，インターネットやコンピューターに関する説明から審議が始まった。

人になる。掲示板では激烈な反米の言説を繰り返し、それはすぐにヨルダン当局に目をつけられ、逮捕されてしまう。ここからさきはまるでハリウッド映画だが、彼はヨルダンの諜報機関にリクルートされ、さらにヨルダンだけでなく、アメリカ中央情報局(CIA)のスパイとしてアフガニスタンやパキスタンで活動するようになった。そして二〇〇九年十二月、アフガニスタンのホースト州にあったCIAの基地で自爆したのである。[19]

彼の死後、パキスタンの「パキスタン・ターリバーン運動」から犯行声明が出された。これは、ホラーサーニーの遺言ビデオとでもいえるもので、そのなかで彼は、同運動の指導者とともにビデオに登場し、アメリカの無人機攻撃で殺害された同運動の前指導者、ベイトゥッラー・メフスードの報復として自爆攻撃(彼らがいうところの「殉教作戦」)を決行すると主張した。

その一方で、彼は『ホラーサーンの前衛』というアフガニスタンのアルカイダのオンライン機関誌にも登場しており、アルカイダと強い結びつきがあったこともうかがわせる。つまり、彼はヨルダンやアメリカの諜報機関に従っているふりをして、じつはその忠誠心はパキスタン・ターリバーン運動やアルカイダの側にあったのである。彼が二重スパイ・三重スパイと呼ばれたのはそのためである。[20]

さて、これらの事件で興味深いのは、現実の戦場とサイバースペース上の戦場がほとん



[19] 2013年のアメリカ・アカデミー賞(作品賞)にノミネートされた映画「ゼロ・ダーク・サーティ」のなかで，サイドストーリーとしてこの事件が描かれている。
[20] 彼の伝記は日本語にも翻訳されている(ジョビー・ウォリック〈黒原敏行訳〉『三重スパイ―― CIAを震撼させたアルカイダの「モグラ」』太田出版，2012)。

どかさなり合っているという点である。オサーマ・ビン・ラーデンが殺害されたのち、アルカイダを率いることになったアイマン・ザワーヒリーはかつて、「戦場の半分はメディアである」と述べたことがある。まさにそのとおりで、アルカイダ的なテロは多くの場合、メディア、とくにサイバースペースと一体化していた。

例えば自爆テロの場合をみてみよう。事件後、犯行声明が掲示板に出るのだが、こうした事件では、犯人は事件後に公開される遺言ビデオを事前に録画しておくのがふつうである。犯人の死後、所属する組織が犯行声明を掲示板に投稿し、それと同時に、あるいは少し間をおいて、ビデオを匿名のファイル置き場において、そのリンクを貼る。

アルカイダ・ファンたちは、犯行声明を読んだり、「殉教ビデオ」をダウンロードしたりして、拍手喝采《かっさい》し、場合によってはたくさんの書き込みがおこなわれる。事

▲ジハード広報フォーラム（上）と
ジハード主義系掲示板（右）

*Column #02*

# アラビア語圏のアニメ掲示板

ジハード主義を標榜するアラビア語掲示板が隆盛しはじめた頃、それらと並んで、日本のアニメ関係の掲示板がアラビア語圏で無数に発生していた。日本のアニメはイスラーム世界でも大人気である。大半の国のテレビでは日本のアニメを定期的に放送しているし、衛星放送には日本のアニメを中心に流す専門チャンネルも複数存在する。

一方、日本のアニメの多くがアラビア語に翻訳されたり、字幕をつけられたりして、ユーチューブなどにアップロードされている。憂慮《ゆうりょ》すべきはこれらの大半が海賊版だということである。もともとイスラーム世界では海賊版の横行が大きな問題になっていた。それはカセットテープやビデオテープの時代からの悪弊だったが、その後もけっして衰えることはなく、例えば中東ではコンピューターのソフトウェアの大半が違法コピーで売買されていた。アニメ専門掲示板ではどこでもビデオや画像の違法ダウンロードが人気スレッドになっており、ほとんど無法状態であった。

おそらくこれと関係があることだと思うが、アラビア語アニメ掲示板における議論では不思議な現象が起きていた。つまり、多くの人たちがアラブ世界で放映されたことのないアニメやマンガについて激論を戦わせていたのである。日本で放映・販売されたアニメはあっというまにいろいろな国で違法にコピーされ、匿名のファイル・サーバーにおかれて共有される。それがさらにアラビア語化、あるいはアラビア語字幕をつけて別の場所におかれ、それが掲示板によって共有・拡散していく。これらの作業はほとんど自発的かつ無断でおこなわれる。

二〇〇六年に筆者がおこなったアラビア語のアニメ掲示板に関する調査では、アラブ世界におけるアニメ人気では、女性がきわめて重要な役割をはたしているという結果が出た。日本のアニメやマンガ、とくにいわゆる少女マンガというジャンルは、ともすれば、家庭内にこもりがちのイスラーム世界の女性たちに、新しい女性像を提供したといえる。

▲アラビア語版「ドラゴンボール」のDVDセット

こうしたイスラーム世界における日本のアニメ人気は、アラビア語版ウィキペディアで項目としてあがっている日本人の名前に、アニメ監督やマンガ家、ビデオ・ゲームの制作者、さらに声優までもが多数はいっていたり、「オタク」や「ヤオイ」といったマニアックな項目すら存在することからもうかがい知ることができる。

件のインパクトが大きければ大きいほど、書き込みもふえる。このあたりは日本の掲示板とまったく同じである。ジハード主義系掲示板にくるのは、ジハード・ファンか、さもなくば研究者や治安当局者、ジャーナリストなので、たとえ閲覧人数は多くなくとも宣伝効果は高い。

重要なのは、ホラーサーニーのケースでもわかるとおり、掲示板に書き込みをしていた、単なるアルカイダ・ファンがサイバースペースからいとも簡単に現実世界の戦場に移動していく事例が数多くみられることである。もちろん掲示板を閲覧したり、書き込みしたりしていたものが全員テロリストになるわけではない。だが、テロリスト、あるいはテロリスト予備軍として実際の戦場にいるもののほぼ全員が、事前にこうしたジハード主義系掲示板をのぞいていたことはまちがいない。

また、そのなかの一部がサイバースペース上になんらかの痕跡を残すこともある。ホラーサーニーが自爆した直後、彼が参加していた掲示板には、彼の過去の書き込みをまとめたファイルが投稿された。その内容は、イラクにおけるアメリカの「蛮行」を非難するもので、彼が自爆テロに走るのも当然と思えるような、きわめて過激なものであった。

このように自らの怒り、不満、意志、思想について、実際に行動を起こす前に、サイバースペース上になんらかの痕跡を残すのは、何もイスラーム世界だけの特殊な現象ではない。日本でおきた二〇〇八年の秋葉原無差別殺傷事件の犯人、二〇一一年のノルウェーでの連続テロ事件の犯人も、同様にインターネット上にさまざまな痕跡を残していた。とくに後者の場合、思想的には反イスラームであるにもかかわらず、もてるだけの武器をかかえてポーズをとった自分の写真を投稿するなど、イスラーム世界の自爆テロ犯と共通のパターンを示している。

# 第3章　仮想空間から現実社会へ

## ブログの時代

電子掲示板がイスラーム世界で活発になりはじめたのと同じ頃、あるいはそれよりも少し遅れて、インターネット上では別の動きがあらわれてきた。ブログの登場である。掲示板がどちらかといえば、閉ざされた、排他的な、そして思想的には保守的な空間であったのに対し、ブログはもう少し開かれた、リベラルな場ということができるかもしれない。また、掲示板は特定のテーマに関して不特定多数が議論する場であったのに対し、ブログは基本的に一人がさまざまなテーマを自分で選んで書き、それに対し、ときに不特定（あるいは特定）多数の人々が自分たちの意見を表明するというかたちをとる。つまり、ブログのオーナーの個人的な体験を記す、公開の日記のようなものといえるだろう。

イスラーム世界、とりわけアラブ諸国では二〇〇三年のイラク戦争をきっかけに多数のブログが生まれてきている。当初は文字どおり日記的なものであったり、また、趣味の世界に関するものであったりと、かなり狭い関心の範囲でブログが書かれることが多かった。しかし、イラク戦争が泥沼化していくと、徐々にブログの内容も政治性をおびはじめる。

ブログは個々のブロガーたちがさまざまなプラットフォームを用い、また多くがテロや政治活動とは無縁の趣味の世界について書かれていたりする。こうした場合、とくにそれが欧米系の有力なサイトだと、政府や体制を批判する文章を書いても、なかなか検閲がしづらく、ましてやブロガーの数がふえていけば、彼らや彼女たちのブログをホストしているサイト全体をダウンさせるわけにもいかなくなる。インターネットをサーフィンしている人たちの大半はテロを煽動《せんどう》したり、政府を批判したりするために、そうしているわけではない。エンターテインメントを多く含むサイトを禁止したり、ダウンさせたりすれば、単に楽しみのためにそのサイトを使っている人たちがいちばん迷惑をこうむるわけで、逆に彼らの体制に対する怒りや不満を増殖させてしまう。[1]

二〇〇七年、サウジ人のブロガー、ファード・ファルハーンが当局によって逮捕された。当時、彼はブログで本名を使っていたので、確信犯だったのだろう。容疑は不明だが、テロを支援した学者を支持するような発言をおこなっていたのが理由の一つといわれている。サウジアラビアでブロガーが逮捕されたのは、知られているかぎり彼がはじめてである。

ここでおもしろいのは、ブログの内容ではなく、その後の展開である。彼が逮捕される

[1] アメリカのメディア学者イーサン・ザッカーマンが示した「かわいい猫理論」である。ふつうの人々はインターネットで政治活動をおこなうことはなく，かわいい猫の写真を見るなど自分の趣味のためにインターネットを利用している。フェイスブックやツイッターなどはそのための道具になっており，それらを政治的に用いている活動家や反体制勢力は少数派にすぎない。ザッカーマンによれば，非民主的な政府が，自分たちの気に入らないウェブページをブロックしたり，シャットダウンするのは容易だが，ほんのわずかの活動家をだまらせるために，多くの人々が楽しみのために使っているプラットフォーム全体を遮断するのは困難であるという。

と、その事実はただちに、サウジアラビアを含む、アラブ世界のブロガーの間に広がり、やがて彼の釈放要求運動「フリー・ファアード」が「世界中」で起きたのである。やがて、それは『ワシントン・ポスト』紙や『ニューヨーク・タイムズ』紙、さらにはＣＮＮといった名だたる新聞やテレビなどでも――もちろんサウジアラビア以外の――取り上げられ、たった一人のブロガーの逮捕が文字どおり国際問題にまで発展していったのである。

ファルハーンは二〇〇八年四月に釈放されたが、この事件はサウジのブロガーだけでなく、サウジ当局にとっても教訓となった。まず、ブロガーたちには、一線をこえれば逮捕されるのだという恐怖心が植えつけられた。一方、サウジ当局は、うかつにブロガーを逮捕すると大事になるということを痛感したはずである。この事件以後、ファルハーン自身ブログを継続していることを含め、積極的な政治的発言を繰り返すブロガーがかならずしも減らなかったのはそのためであろう。今ではブログは、サウジアラビア社会を理解するためのきわめて重要なリソースになっている。

一方、イスラーム世界のブログ大国といえば、イランの名があがる。例えば、二〇〇三年の時点でイランのブログ・サイト、「パーシャンブログ」は、登録ブログ数で世界第二位だった。イラン人ブロガーたちは他方、当局の介入をきらって、とくに欧米のブログ・サイトを利用することも多く、「ペルシア語ブログのつくりかた」のようなマニュアルが普及し、さらにブログの数はふえていった。二〇〇六年第4四半期には言語別のブログ投稿の割合で、ペルシア語は一〇位にはいっている。[2]

イランではブログの隆盛とともに、高位のイスラーム法学者や政府高官らのスキャンダルがブログで暴露されたり、ブログをつうじて拡散したりするようになっており、既存のメディアではできなかったようなことを市民ジャーナリズムや社会の公器としてのブログがおこなっていることに対して注目が集まっていた。これは一般市民側からみれば良いことだろうが、体制側からみれば、ブログが体制に対し牙を剝く存在とも映ったであろう。

これら無数のブログを検閲、または監視するのは大変な作業だし、対外的に見栄えも悪い。そこでイランは別の方法も試しはじめている。一つは、インターネットの速度を制限することである。つまり、ダウンロードの速度を大幅にさげることによって、当局にとって都合の悪い情報やイスラームの価値観に抵触するような、例えば映画や音楽などへのアクセスを難しくしたのである。

もう一つの方法は、「インターネットの植民地化」ともよばれた方法で、例えば、イランの革命防衛隊は二〇〇八年、武装義勇兵(バシージュ)支援のためという名目で、一万人のブログを開始する計画があると発表した。この膨大な数のブログでイスラーム革命の精神を鼓舞し、体制の強化をはかろうというものだろう。イランの体制側はこれまでも、例

2 ちなみにこのときの1位は日本語で，以下英語，中国語，イタリア語，スペイン語，ロシア語，フランス語，ポルトガル語，ドイツ語，そしてペルシア語とつづく。イスラーム系言語でランクインしたのはペルシア語のみである（http://sifry.com/alerts/archives/000493.html/〈2013年8月30日閲覧〉)。

えば衛星放送が国民に人気だとなれば、対抗するためのテレビ局をつくったりしていたが、基本的に大しておもしろくなかったので、結局は失敗に終わっている（イスラーム世界における数少ない成功例はサウジアラビアのＭＢＣやアラビーヤ、カタルのジャジーラなどであろう）。この種のメディアにおけるエンターテインメントの重要性はなかなか保守的な宗教勢力には理解しがたいものなのかもしれない。

## ＳＮＳの拡大

ブログのインパクトがいまだ冷めやらぬなか、それと並行するかたちで新たなインターネットのサービスに注目が集まるようになった。例えば、二〇〇三年に登場した「マイスペース」というサイトは、とくにエンターテインメントに力点をおいたサービスで、ブログや友人・同じ趣味の人との交流、画像の公開などを主たるサービスとしていた。

また、同じ年、「セカンドライフ」とよばれるサービスも始まっている。このサービスは三次元のコンピューター・グラフィックスで構築された仮想空間で、参加者は好きなアバター[3]をつくって、その空間で「第二の人生」を送ることができる。イスラームに関していうと、この仮想空間上に「バーチャル・ハッジ」、すなわち「仮想巡礼」なるものがつくられ、話題になったことがある。マッカ（メッカ）のハラーム・モスクなどを３Ｄで仮想

3　インターネット上で自分の分身となるキャラクターのこと。

的につくり、そこでアバターが実際の巡礼と同じ手順で巡礼の儀式を実行することができる双方向サービスだ。もちろん、マイスペースで巡礼をおこなっても、実際に巡礼の義務を履行したことにはならず、あくまで教育的な目的でつくられている。なお、制作したのは、第1章で紹介した「イスラーム・オンライン」である(三五頁参照)。

このようなサービスはソーシャル・ネットワーキング(あるいはネットワーク)・サービス(SNS)とよばれている。掲示板やブログも広義ではSNSに分類できるが、マイスペースのように「つながり」の部分を強調したサービスを前面に押し出すようになったのはこの頃からである。

マイスペースもセカンドライフもそれなりにイスラーム諸国で話題になったが、なんといってもセンセーショナルだったのはフェイスブック[4]とツイッター[5]の登場であろう。前者は二〇〇四年、後者は二〇〇六年にそれぞれサービスを開始した。

じつはこうしたサービスはイスラーム世界でも独自のものが存在しており、フェイスブックやツイッターがスタンダードになるまでは、それなりの人気をえていた。例えば、アラビア語版ツイッターともいうべき「ワトウェト」がそれである。これはヨルダン製のアラビア語マイクロブログで、二〇〇七年末にサービス





4 フェイスブックは，実名で友人や会社の同僚，同じ専門・趣味の人たちと交流をはかることができるサービスで，ブログのように日々のできごとや考えていることを書き込んだり，写真や動画を投稿したり，また興味深いニュースなどへのリンクを貼ったりできる。

5 ツイッターは匿名での登録が可能で，140 文字以内でツイート(さえずり)することができる。イスラーム諸国のすべての言語について調べたわけではないが，おそらくこれは大半の言語に適用された大原則であろう。かなり早い段階でイスラーム系言語に対応しているが，ツイッターがアラビア語のような右から左に書く言語への対応を正式に開始したのは 2012 年である。また，このときアラビア語やヘブル語，ペルシア語，ウルドゥー語などの「ヘルプ」もつくられており，ムスリムたちがツイッターを使うときの敷居はかなり低くなったといえる。ただし，ツイッターを運営するツイッター社は，ツイッターが SNS ではないと主張している。またフェイスブックを含め，ミニブログ，あるいはマイクロブログといういいかたをすることもある。

を開始した。見た目もサービス内容もほぼツイッターと同じで、ヨルダンを中心にそれなりの利用者を誇っていたが、結局二〇一一年にサービスを停止してしまった。結果的にみれば、ツイッターに圧倒されたということだろう。途中、多言語化したり、ツイッターとの連携を強化したりするなど、梃入《てこい》れをはかったが、力およばずであった。

もちろん、生きのびているサイトもある。例えば、同じヨルダンの「イクビス！」[6]は、「ユーチューブ」のような動画投稿サイトだが、今でも命脈を保っている。しかし、アラブ諸国でも一番人気はユーチューブで、イクビス！は二〇一三年八月時点で、ヨルダンでの人気は一二四五位、ユーチューブは三位である。[7]イクビス！の命も風前の灯火というところだろうか。こうしたグローバル・スタンダードとなっているプラットフォームとの戦いは、イスラーム諸国にかぎらず、西側に近い国ほど苦戦をしいられている。中国版ツイッターともいうべき「新浪微博《シンランウェイボー》」のような存在は、情報通信技術の低さや人口に比して国の数が多いことなど、イスラーム世界では難しいのかもしれない。[8]

いずれにしても、多くのムスリムたちがこうした新しいプラットフォームに引きつけられていったことはまちがいない。それが政治的な目的なのか、単なる楽しみのためなのかは人によってそれぞれである。ここで重要なのは、ブロガーやフェイスブックのユーザーたちの発言内容というよりむしろ、これだけたくさんの人たちがなにかを語りた

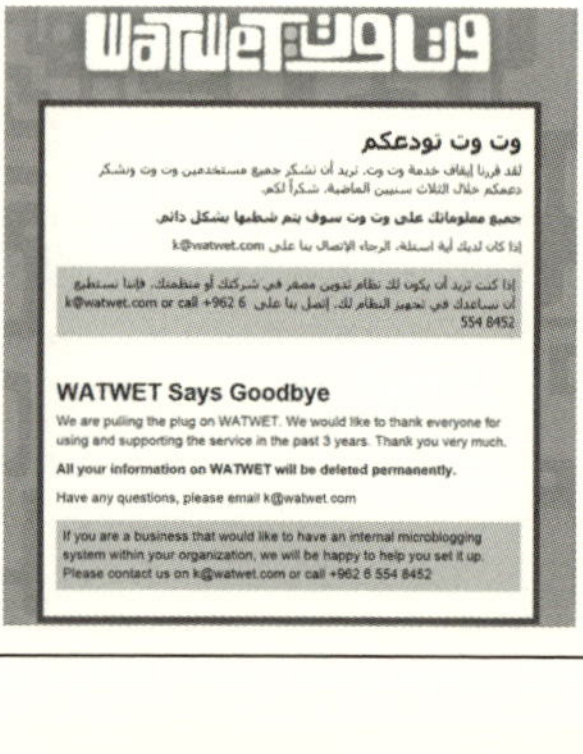


▶ワトウェト閉鎖のお知らせ

がっているという事実のほうであろう。今やイスラーム諸国の多くでもっとも人気のあるサイトは、グーグルなどの検索サイトを除けば、だいたいSNSである。

前述のジハード主義者や、アルカイダ・ファンたちも依然として掲示板を愛用しているが、一部のテロ組織はSNSにも進出しており、フェイスブックにページを開設したり、ユーチューブに自前のチャンネルをつくったり、またツイッターのアカウントをとって、毎日のようにテロの戦果やアメリカなどの悪口を発信したりしている。[9]

例えば、二〇一三年二月にジハード主義系掲示板では、ジハード主義を支援する六六個のツイッター・アカウントなるものが紹介された。この文書ではツイッターを、アカウント登録やフォローの容易さ、さらにアカウントが削除されにくいことから、フェイスブック以上に重要であると主張している。なお、これら六六のアカウント中、五六%がアラビア語で、四一%が英語である。

慢性的な情報飢餓状態にあったアラブ諸国ではSNSはものすごいスピードで浸透していき、かなり早い時点でユーザーの数がアラブ諸国で刊行されている新聞や雑誌の総印刷部数を上回ってしまった。こうしたことに危機感をいだいた体制側は当然、さまざまなかたちでの規制に乗り出す。そのなかには多くの宗教関係者もかかわっており、かつて彼らがインターネットそのものに対し警戒感をあらわにしたのと同様、SNSに対しきわめて



6「イクビス」はアラビア語で「クリック」の意味。

7 http://www.alexa.com(2013年8月30日閲覧)

8 イランでも例えば2012年末にビデオ投稿サイト「メフル」がスタートした。イランではユーチューブはブロックされていて見られないので，メフルは，その代替物としてつくられたものだが，依然として見られないはずのユーチューブのほうが人気があるといわれている。

9 もちろん大手のSNSではテロを煽動するような投稿は許されないので，しばしばページが削除されたり，アカウントが凍結されたりする。

強い不信感を表に出しはじめる。例えば、二〇一二年、サウジアラビアのアブドゥルアジーズ・アールッシェイフ総ムフティーは、「ツイッターの類は誹謗《ひぼう》中傷や虚偽を流すものであり、ムスリムたちがツイッターで情報を流したり、ツイッター上の情報を拡散したりするべきではない」と、警告を発している。

## テヘランの春?

イスラーム世界におけるSNSの重要性や破壊的なインパクトを考えるとき、最初の例としてしばしば取り上げられるのが二〇〇九年にイランで発生した事件である。六月、イランで大統領選挙が実施され、現職のアフマディーネジャードが再選された。ところが、この選挙で投票操作などの不正があったのではないかとの疑惑から、イラン全土で大規模な抗議運動が発生したのである。

抗議運動はすぐに暴動へと発展していったが、そのかなり早い段階から、デモの拡大や過激化でSNSが大きな役割をはたしたという論調が、西側メディアを中心にあらわれた。やがて、紙面には「ツイッター革命」などというキャッチーな表題が躍るようになる。とくに、デモに参加していたイラン人女子大生、ネダー・アーガーソルターンが何者かに銃で撃たれ、倒れているようすがビデオにおさめられると、その映像はインターネット上に拡散していった。倒れた彼女の下からどんどん血があふれ、地面に広がっていくなまなましい映像は、多くの人々の同情心を買い、またイランの現体制に対する怒りを増幅させていった。こうした体制側の非道・残虐な行いはツイッターなどのSNSをつうじて、多くの人たちに共有され、さらにSNS上にデモの日時や場所に関する情報が投稿されることで、多くの人々がデモに動員されていった、というのが欧米メディアの伝えたストーリーであった。実際、選挙後のわずか二〇日の間に大統領選挙がらみで約四八万人が二〇〇万以上のツイートをおこなっている。

ただし、ここで重要な指摘が出てくる。じつは、当時イランではツイッターを利用していた者は、体制派だろうが反体制派だろうが、ほとんどいなかったのである。アクティヴなユーザーはせいぜい一〇〇人と見積もられている。[10]

では、このギャップはなんなのだろうか。考えられるのは、こうだ。ツイッターやフェイスブックなどSNSがはたした役割は、イラン国内でのデモや抗議活動における動員ではなく、イラン国内で撮影された動画やさまざまなテキスト・メッセージを国外に伝えることであった。われわれは、イラン国内で起きていることを直接目にしていたわけではなく、いったん国外に運びだされ、フィルターをかけられ、編集された情報を目にしていたのである。あちこちに点在した動画やテキストはいくつかのプラットフォームに集約され、



[10] フェイスブックも選挙当時，現職のアフマディーネジャード以外の候補によって利用されていたが，閲覧を規制されていた。

場合によっては、よりわかりやすくトリミングされ、より煽情《せんじょう》的に切り貼りされていたかもしれない。われわれが見たり聞いたりしていたのは、イラン国内のもっとも暴力的な部分の寄せ集めだったのである。

では、イラン国内のデモや抗議運動に参加した人たちはどのようにして集まってきたのだろうか。彼らは、誰からどのようなかたちでデモの場所や時間を知ったのであろう。ツイッターやフェイスブックからそれらの情報をえたのであろうか。これについて考える前に、二〇一〇年末にアラブ世界で起きた、似たような事件についてふれたほうがいいだろう。いわゆる「アラブの春」である。

## アラブの春

二〇一〇年十二月十七日、チュニジア中部の小都市シーディーブージードで、ある若者が焼身自殺をはかった。四人の国家元首を政権の座から引きずり落とした、いわゆる「アラブの春」はすべてここから始まったのである。

若者の名はムハンマド・ブーアジージー[11]、シーディーブージードの町で野菜や果物を屋台に積んで売っていた。その日、地元の女性警察官は、ブーアジージーに対し商売の許可がないとして、彼の商売道具を没収してしまった。そのため、ブーアジージーは市庁に抗

[11] 正しくはターリク・タイイブ・ムハンマド・ブーアジージー。

議に行ったが、まったく聞き入れてもらえず、結局、焼身自殺をはかったのである。

彼が自殺をはかった直後から、シーディーブージードでは抗議運動が発生し、その抗議運動は次から次へとほかの町に波及し、ついには首都のチュニスにまで到達する。ブーアジージーが亡くなったのは翌年一月四日であったが、その死がさらに人々の怒りを増幅したことはまちがいない。二〇年以上にわたって独裁者としてチュニジアを支配していたベンアリー大統領はその一〇日後、家族とともにサウジアラビアに亡命したのである。この事件は、欧米メディアを中心にチュニジアの代表的な花の名をとって「ジャスミン革命」とよばれた[12]。

チュニジアでの政変はすぐに国境をこえてエジプトに飛び火し、ベンアリー亡命後の一月二十五日にエジプトで大規模な反政府デモが勃発、二月十一日には三〇年間にわたってエジプトに君臨していたムバーラク大統領が辞任する事態に陥った。エジプトの政変は最初の大規模なデモの日付をとって「一月二十五日革命」とよばれている。前年十二月十七日にチュニジアでブーアジージーが焼身自殺をはかってから二カ月足らずの間に長期政権を誇った大統領が二人、政権の座から引きずりおろされた。二〇年も三〇年も独裁体制を維持していた体制がなぜかくも簡単に崩壊したのだろうか。そして、なにより驚くべきは事態の変化の早さと広がりである。




12 日本や欧米のメディアでは，しばしばジャスミンはチュニジアの国花だから，その名前が革命につけられたと説明されているが，筆者はチュニジアの国花がジャスミンであるというのを確認できなかった。ちなみにチュニジアでは「ジャスミン革命」という語は用いない。チュニジアでは「一月革命」「尊厳革命」「自由革命」などの名前でよばれている。なお，ベンアリーが大統領に就任した際の事件も「ジャスミン革命」とよばれていた。

一九六九年の革命以来、四〇年にわたって最高指導者のムアンマル・ガッダーフィーによって支配されていたリビアでも一月半ばから各地でデモが発生し、二月には首都トリポリにまで達した。二月十七日には主要都市で大規模な抗議運動が展開され、リビアは事実上の内戦状態に突入する。九月にはトリポリが反体制側に陥落、十月二十日にはガッダーフィー自身が反体制勢力の手にかかって殺害された。

一方、イエメンでは、チュニジア大統領が亡命した直後から学生たちを中心に反大統領のデモが繰り返され、各地で政府の治安部隊と反体制派の間に大規模な衝突が起きた。結局二〇一一年末に三〇年間イエメンを支配したサーリフ大統領は副大統領に権力を委譲、翌年には新たに大統領選挙が実施され、正式に大統領の座をおりた。

そのほか、バハレーンやオマーンでも大規模なデモが発生し、死傷者が出ている。また、強権主義の代表的存在であったシリアでも二〇一一年三月以降、改革を要求するデモが頻発し、やがてそれは大規模な反政府運動へと発展、同年夏以降は「内戦」状態とまでいわれるようになっている。

こうした体制が転覆した国や危機的な状況にある（あるいは「あった」）国以外でも、サウジアラビアでは東部州のシーア派を中心に何度もデモが起こったし、クウェートでは「ビドゥーン」とよばれる無国籍者が人権状況の改善を叫ぶデモをおこなった。きわめて富裕なＵＡＥですら、ムスリム同胞団が体制の転覆をはかったとして、政府による摘発を受けている。

豊かな産油国と比較して経済的に厳しい国はなおさらで、アラブの春は事実上、すべてのアラブ諸国に強烈なインパクトを与えたといっていいだろう。第１章で述べたとおり、アラブ諸国には、西側の基準で合格点となるような民主国家は一つもない。いままでは強権的な政策で国民の声を封じ込めることはできたのであろうが、アラブの春はそれがもはや困難であることをアラブの、そして多かれ少なかれイスラーム諸国の政府に痛感させたのである。とりわけ、一連のアラブ諸国における政変でインターネットが重要な役割をはたしたとされたことは、一九七九年のイラン・イスラーム革命におけるカセットテープ、一九八九年の東欧革命での衛星放送と同様、情報通信技術が大きな政治変動を惹起《じゃっき》する可能性を秘めていることをあらためてわれわれに想起させた。

いうまでもなく、ベンアリーの亡命やムバーラク辞任の直接的な原因は彼らの体制を支えてきた軍や治安部隊の離反であり、リビアの場合は北大西洋条約機構（ＮＡＴＯ）軍の介入、イエメンの場合は湾岸協力会議（ＧＣＣ）諸国からの圧力こそが政権崩壊の直接的な原因である。ＳＮＳが体制崩壊に直接的に関係したわけではない。ただ、体制崩壊の過程のどこかでＳＮＳを含むＩＣＴが重要な役割をはたしたことは疑いえない。そのため、ここからの議論はそこに焦点を絞っていく。

## アラブの春とインターネット

アラブの春に関しメディアは「ウィキリークス革命」とか「SNS革命」「フェイスブック革命」「革命2・0[13]」といったキャッチーな言葉を使って表現している。

ウィキリークスはオーストラリア出身のジュリアン・アサンジが創設した、政府などの機密情報を公開するウェブサイトのことで、アラブの春の文脈でいうと、アメリカの在チュニジア大使館の電報がこのサイトで暴露されたことがあげられる。

関係する電報は二〇〇九年七月に打たれたもので、ウィキリークスで公開されたのは一年以上経過した二〇一〇年十二月はじめ、つまりブーアジージーの焼身自殺の二週間ほど前であった。この電報のなかでアメリカ大使館は、チュニジアの当時の状況を分析し、そこでベンアリー大統領が一族で不正を働いていることを指摘したのである。

西側メディアは、この電報と直後の焼身自殺(未遂)を結びつけ、電報によって、ベンアリー一族の不正が暴露されたことで、政府に対する怒りがチュニジア国民の間に広がり、それが焼身自殺によって一気に暴発したといった論評をおこなった。

しかし、このロジックはおかしい。なぜなら、ベンアリー一族が腐敗していたことは、



[13]「革命2.0」はもともと「ウェブ2.0」という語からきている。この語は，情報を送る側と受け取る側が流動・双方化し，連携していく，インターネットの新しい利用法を指したものである。

チュニジア国民だったらみな知っていたことであり、わざわざ異国の電報で指摘されるまでもないことだからである。おそらく大使館も、こうした情報をチュニジア国民からえていたはずであり、事実、電報ではベンアリー一族の腐敗は一般国民レベルでも共有されていると指摘している。[14] したがって、もし、この電報がチュニジアの革命でなんらかの影響をはたしたとするなら、アメリカ人もベンアリーの不正について知っているということをチュニジア国民が知って勇気づけられたということぐらいではないだろうか。この程度のことで革命の名を冠することはできまい。

では、「SNS革命」「フェイスブック革命」「革命2・0」はどうだろうか。この三つの用語についてはほぼ同じことを示しているといっていい。現代社会におけるSNSの役割を分析しているクレイ・シャーキーの議論を踏まえ、中東やイスラーム世界における社会運動・政治運動におけるインターネットの重要性をまとめてみると、おおよそ次の四つのようになるのではないだろうか。第一はコストの問題である。従来であれば、活版印刷にしろ、テレビにしろ、大きな資本が必要で、情報を発信する母体はしばしば国家、擬似国家的機関、潤沢な資金をもつ組織に限定されていた。それが、インターネットさえあれば、きわめて安価にさまざまな情報を入手し、また発信することができるようになったわけだ。



[14] このロジックは1989年の東欧革命でも用いられている。「西側の衛星放送によって多くの東欧の人たちが西側の豊かな生活を知るようになり，人々が政府の欺瞞《ぎまん》に気づいたため革命が起こった」というような言説である。このケースもチュニジアと同様，東欧市民は衛星放送が導入される前から，西側の自由で豊かな生活について知っていたはずである。

第二点は、第一の問題とも密接にからんでくるのだが、インターネットを使って人々が、体制にとって不都合な情報にアクセスできるようになったことである。もちろん、検閲などによって体制がこれを妨害することも可能だが、比較的容易な技術で、その妨害を回避することもできる。上述のウィキリークスはこの役割に分類される。

第三はインターネット上に生み出された公共圏である。前途のとおり、中東・イスラーム世界の政府は、情報統制のみならず結社や集会を禁止・規制し、盗聴器をしかけたり、町のあちこちに秘密警察(スパイ)を配したりして、人々が集まって自由に議論する場を事実上監視下においていた。サイバースペース上の公共圏も当然、体制の監視下におかれるが、それはあくまで自国のサイバースペースにかぎってのことである。他国のサーバーまでも管理することはできない。できるのは、その管理できない自由な公共圏へいたる道を封鎖したり、その道を通行しようとする連中を現実世界で監視することぐらいである。しかし、利用者はいくらでも迂回路を用意することができる。しかも、その公共圏の大きさは事実上、無限大で、コーヒーショップに集まって議論する人々を取り

| | 一人当たりGDP（USドル） | インターネット普及率（%） | | フェイスブック普及率（%） | | パソコン利用率（%） | 携帯電話普及率（%） |
|---|---|---|---|---|---|---|---|
| | | 革命勃発時 | 現在 | 革命勃発時 | 現在 | | |
| チュニジア | 9,775 | 39 | 41 | 18 | 34 | 25 | 117 |
| エジプト | 6,545 | 40 | 44 | 6 | 16 | 33 | 101 |
| リビア | 12,066 | 14 | 20 | 4 | 14 | | 156 |
| イエメン | 2,283 | 15 | 17 | 1 | 2 | | 47 |
| シリア | 5,041 | 23 | 24 | 5 | 17 | | 63 |
| バハレーン | 28,744 | 77 | 88 | 20 | 25 | 76 | 128 |

**▲アラブ諸国における各メディアの普及率**

一人当たりGDP(購買力平価)はIMF，インターネット普及率は世界銀行，フェイスブック普及率はArab Social Media Reportによる。インターネット普及率は革命勃発時を2010年，現在を2012年としている。一方，フェイスブック普及率は革命勃発時は各国ごとに異なるので，原則として最初の大きな事件の前後としている。また，現在はほぼ2013年春を指している。パソコン利用率と携帯電話普及率はともに国際電気通信連合(ITU)による。パソコン利用率は国ごとに異なるが，2010年前後のもので，携帯電話普及率はすべて2011年の数字である。

締まるのとはわけが違う。

第四はＳＮＳの機能と関連する。インターネット上の情報はＳＮＳをつうじて多数の人によって共有され、拡散される。それによって、不特定多数の人々が連携し、共同作業をおこなうことができるようになる、というものだ。アラブの春とのからみで重要なのは、これらのうち第三と第四である。インターネット上に形成された公共圏は、ＳＮＳによって共有・拡散された情報を起爆剤に、現実世界へと越境し、実際の社会・政治行動として体制や政府をゆるがすことができる、というわけだ。

これらを踏まえ、あらためて、アラブの春の経過を分析してみよう。だが、中身にはいる前に、まずは関係国のインターネット状況についておさえておく必要がある。

これらのうち、チュニジア・エジプト・リビア・イエメンは政変の起きた国、シリアとバハレーンは、本書執筆時点では体制崩壊にはいたっていないものの、危機的な状況に陥った国である。インターネット普及率でみると、バハレーンは先進国並み、チュニジアやエジプトは世界平均より少し良い程度、それ以外は世界平均よりだいぶ低い。一方、フェイスブック普及率については、バハレーンやチュニジアは高いほうだが、それ以外はそれほど高くはない。むしろイエメンやリビアのようにほとんど使われていないところもある。

前述のイランのケースも含め、おそらくこうしたマクロの数字だけでなにかをいうのは困難だろう。それぞれの国で人々が立ち上がるにはさまざまな原因や動機が必要である。それは経済的な不満かもしれないし、宗派的な差別かもしれない。しかし、本書はそれを議論する場ではないので、ここではインターネット上の動きを中心にいくつか興味深い点を探っていくことにしよう。

## チュニジアで革命が始まる

ブーアジージーの焼身自殺をきっかけにチュニジアで抗議活動が広がっていったのは前述したとおりである。一連の抗議活動はテキストやビデオ、あるいは報道のリンクというかたちでインターネット上のさまざまな媒体によって拡散し、共有されていった。なかでも、チュニジアの活動家たちによって創設された「ナワート」[15]というサイトが大きな役割をはたしたといわれている。同サイトはSNSというよりはさまざまなチュニジア関連のブログや報道、画像・動画などを集約したサイトである。筆者が知るかぎり、ナワートにシーディーブージードの抗議行動に関する記述があらわれたのは、焼身自殺がはかられた翌日十二月十八日が最初であった。その記事にはアラビア語で、数百人の市民が早朝から市庁舎前に集まり、怒りとブーアジージーへの連帯を表明した、とある。

ナワートはチュニジアでは有名なサイトで、当然当局も目をつけており、検閲の対象に



[15] http://www.nawaat.org/。前述のウィキリークスで暴露されたアメリカ大使館の電報も，ナワートは「チュニリークス」というサイトをつくって宣伝していた。

なっている。そのため、同サイトはいくつかミラーサイトを用意し、検閲を回避できるように工夫をこらしている。なお、ナワートはこの活動で「国境なき記者団」から「二〇一一年ネチズン大賞」[16]を受けている。

さて、問題はここからどのようなかたちでチュニジア全土に情報が拡散していったのかという点である。いうまでもないことだが、チュニジアの公式メディアは事件についていっさいふれていない。

情報は、はたしてナワートから広がっていったのか、それともほかのメディアからなのか。じつは十二月十八日にはすでにカタルの衛星放送ジャジーラがシーディーブージードで暴動が発生していることを伝えており、翌日にはAFP(フランス通信社)など海外メディアもあと追いしている。つまり、情報の共有を可能にしたのはナワートだけではないし、またインターネットだけでもないのである。

一方、ナワートなどが情報を伝える前に、すでに数百人の人々がシーディーブージードに集まって鬨《とき》の声をあげている事実をどうとらえるべきなのか。彼らはどうやって抗議の現場に集まったのだろうか。

メディアなどでいわれているように、フェイスブックやツイッターで情報が共有され、体制に対する怒りや不満が増幅され、デモが拡大していったのであろうか。残念ながら、



16 ネチズンは「ネット・シチズン」，つまりネット市民のことで，インターネット上で活動する人々を指す。

筆者にはそれを裏付けるような証拠をみつけることはできなかった。

例えば、十二月十七日からベンアリーの亡命する一月十四日までのフェイスブック、ツイッター、ユーチューブ、デイリーモーションなどの主要なSNSのチュニジアにおけるトラフィックにはほとんど変化がみられない。たしかにフェイスブックの浸透率はこの間、着実に高まっているが、上昇率でみれば、それ以前と大きな変化はない。事件をきっかけに急激に普及が進んでいったわけではない。むしろ浸透率が劇的にあがるのは二〇一一年一月になってからである。

もう一点、興味深い現象がある。抗議運動は二〇一〇年十二月十七日のシーディーブージードにおける焼身自殺から、徐々に同心円状に拡大していっているのだ。十二月二十四日にはシーディーブージードの南にあるメンゼルブージヤーンとメクナーシーで抗議運動が起きたことが報じられている。翌二十五日にはシーディーブージードの北、サファーキスとカイルワーン、そして二十七日に首都チュニスにまで到達している。[17]

仮にフェイスブックでデモが拡大していったとしたら、運動はもっと同時多発的に起きても良いのではないだろうか。こうした地域ごとの時間差、徐々に首都に近づいているようすはどう解釈すべきなのか。

一方この間、チュニジアのメディアは事件についてまったく報道していない。しかし、

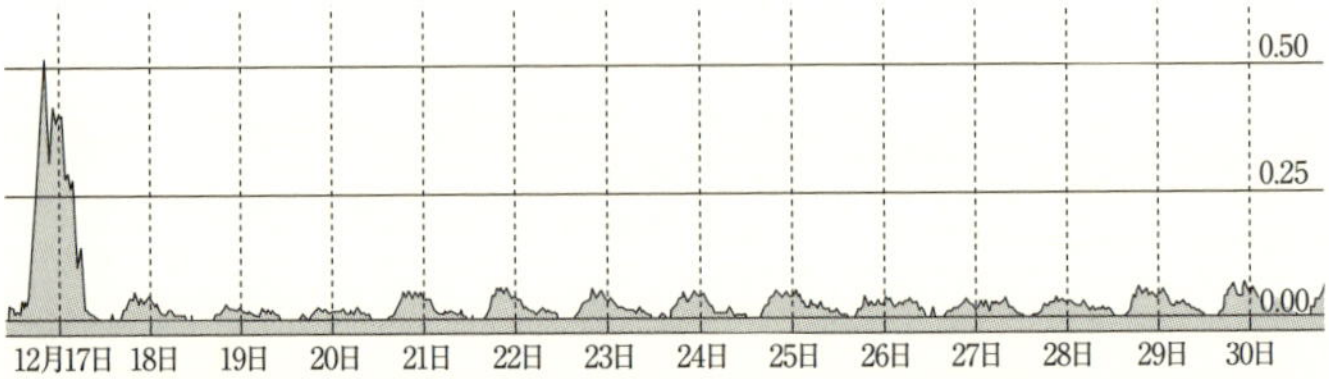


▲2010年末のチュニジアにおけるユーチューブのトラフィックの推移

十二月二十一日、ようやくチュニジアのメディア(例えばラ・プレス)もなにかただならぬことが起きていることにはじめて言及している。チュニジア政府が公式に、反政府暴動が各地で起きているのを認めたのは、抗議運動が首都にまで達していた十二月二十八日である。この日、ベンアリー大統領はテレビ演説で、事件が起きていることを言及した。ただし、大統領は事件が複数の外国のテレビ局によって誇張されていると主張している。ここでいう外国のテレビ局の一つが、カタルのジャジーラであることは疑いえない。

もうひとつ、チュニジアの革命におけるSNSの役割で疑問を感じるのは、抗議運動に参加している人たちの階層である。とくに騒乱初期の頃の抗義運動のようすをビデオで見てみると、チュニジアにおけるフェイスブック利用者の分布(当時は約九五%が四十歳以下、八〇%が三十歳以下)とは一致しない人たちが多数含まれているのがわかる。インターネット普及率が四〇%以下のチュニジアで、国内メディアが事件について報じていないとすると、インターネットやフェイスブックを利用していない人たちはなにによって事件を知り、どうやってデモの現場に集まってきたのだろうか。

## 四月六日青年運動

一方、エジプトの場合、騒乱の発生は明らかにチュニジア革命の影響といえる。すでに

17 暴動拡大のタイムラインはジャジーラなどの報道をベースにしている。したがって，報道以前からすでに抗議運動が始まっていた可能性も否定できない。ただし，首都のチュニスについては，外国メディアも現地で取材をおこなっているので，大きな暴動が始まったのを 27 日とするのはまちがいない。

二〇一一年一月の初め頃から、いくつかのエジプト人のフェイスブックでは「次はエジプトだ」のような書き込みがめだつようになっていた。

例えば、筆者が当時リアルタイムでフォローしていたエジプトのフェイスブックのページに「四月六日青年運動」というグループのものがある。このグループは二〇〇八年頃結成された、エジプトの民主化を要求し、労働者の権利を擁護しようという若者たちの組織で、フェイスブックなどSNSを駆使して、以前からデモの呼びかけなどをおこなっていた。エジプトの革命においてSNSを使ったグループとして、もっとも重要な役割をはたしたとされているものの一つである。

ベンアリーが亡命した翌日の一月十五日、青年運動のフェイスブックに短い書き込みがあった。「(一月)二十五日がわれわれの約束の日だ。近すぎるかな?」というなんとも頼りなさげな文だったが、実際、二十五日にはカイロだけで数万人の群衆が集まり、体制に対する怒りの声をあげたのである。

◀フェイスブックの「4月6日青年運動」のページ

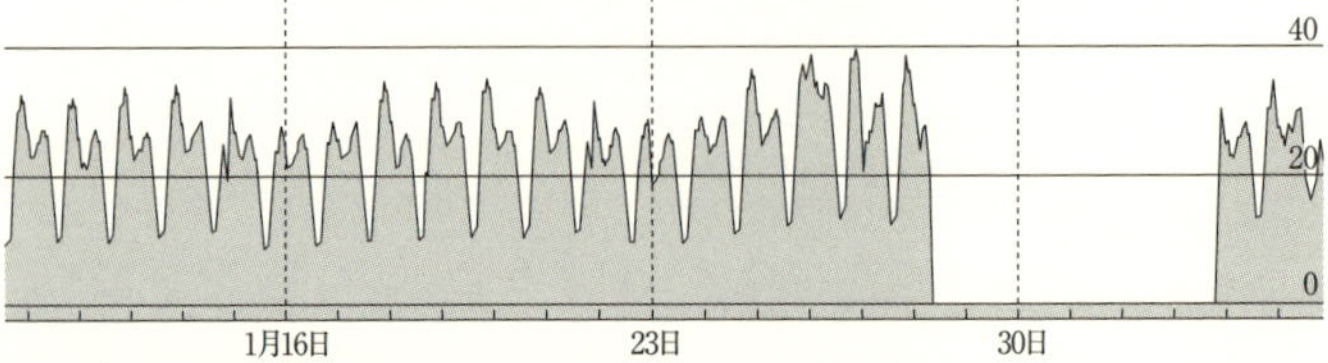


▲エジプトにおける2011年1月のユーチューブのトラフィック
政府がインターネットを遮断したのがはっきりわかる。

もちろん、デモを呼びかけたのは四月六日青年運動だけではない。「われわれはみなハーリド・サイードだ」や「国民変革協会」「もうたくさん」などさまざまな反政府グループ[18]がさまざまなメディアを使って同時に呼びかけをおこなっており、青年運動のフェイスブックの書き込みが重要な役割をはたしたという決定的な証拠はみつけられなかった。

しかも、この四月六日青年運動の投稿につけられたコメントの数もそれほど多くないし、「いいね！」[19]の数も二九しかない。もちろん、このあとも四月六日青年運動は冊子をばらまくといったアナログな方法も含め、いろいろなかたちで宣伝を試みている。例えば、運動のリーダーの一人、アスマー・マフフーズはユーチューブに投稿されたビデオで二十五日のデモへの参加を切々と訴えており、こうした勇気ある行動は西側メディアでも大きく取り上げられた。

反政府勢力側がＳＮＳで情報を流しているとして、ムバーラク政権は一月二十五日にツイッター、ついでフェイスブックをブロック、そして二十八日にはドメイン・ネーム・システムをシャットダウンすることでインターネットそのものを遮断してしまった。それだけ、体制がＳＮＳ、あるいはインターネットの力を危惧《きぐ》していたということであろう。

18「われわれはみなハーリド・サイードだ」は後述するワーエル・ゴネームが立ちあげたフェイスブックのページを中核とする社会運動。ハーリド・サイードは2010年にアレキサンドリアでエジプト警察に逮捕され，拷問によって殺された人物である。フェイスブックのページは当局の非道を告発し，ムバーラク体制の残虐性を内外にうったえる役割をはたした。「国民変革協会」は，2005年にノーベル平和賞を受賞したバラーダイー元国際原子力機関（IAEA）事務局長を中心とする政治組織。「もうたくさん」は21世紀になって活動が顕在化した世俗勢力を中心とする反ムバーラク勢力のゆるやかな集合体。3つのグループとも，ムスリム同胞団など既存の反政府組織・政党とは異なる性格を有する。

19「いいね！」はフェイスブックの機能の一つ。フェイスブック利用者は，気に入った書き込みがあれば，その書き込みのそばにある「いいね！」ボタンをクリックして，「好き」や「支持」を表明できる。

しかし、これらのことを考慮にいれても、フェイスブックが「フェイスブック革命」とよばれるほど決定的な役割をはたしたという説をうのみにするのは困難だ。チュニジアのケースと同様、一月二十五日に、デモの中核となったカイロ中心部のタフリール広場に集まった人たちを見ると、どうみてもフェイスブックどころかインターネットさえ使っているようには見えない人たちが多数いるのである。エジプトの場合、当時のフェイスブックの普及率は全人口の六%、そしてフェイスブック利用者の約九五%が四十歳以下だ。

つまり、エジプトでフェイスブックを使いこなせる人たちは、むしろ社会のなかでは恵まれた階層に属している。例えば、「われわれはみなハーリド・サイードだ」のページをつくったワーエル・ゴネームは、騒乱の過程で革命への流れを変えるのに大きな役割をはたしたと考えられるが、アメリカのインターネット検索大手のグーグル社で中東地域を担当する幹部の一人で、カイロ大学工学部とカイロ・アメリカン大学大学院を出ている。その意味で、彼らは、タフリール広場に集った数えきれない有《う》象《ぞう》無《む》象《ぞう》の老若男女よりも、社会階層としてはむしろ政権側に近い

◀フェイスブックでのバハレーンとサウジアラビアのデモの呼びかけ

ともいえる(失脚したムバーラク大統領の息子で、後継者と目されていたガマールもカイロ・アメリカン大学出身)。

フェイスブックが情報の拡大・共有で重要な役割をはたしたことは否定できない。しかし、それがフェイスブックを利用する若い、比較的恵まれた階層をこえて、それ以外の多くの人々にどの程度訴えかけることができたのか。これがクリアにならないかぎり、「フェイスブック革命」や「革命2・0」といった言葉で一連の事件を形容するのは時期尚早といわざるをえないだろう。

例えば、チュニジアやエジプトと同様の独裁体制をもつ湾岸諸国でも、両国の政変を受けて、改革を求め、体制を批判する呼びかけがフェイスブックや掲示板にいくつもあらわれた。しかし、オンラインでのデモの呼びかけと実際の大規模デモの関係性が比較的明白なのは、筆者が確認できたかぎり、バハレーンのケースだけである。サウジアラビアやクウェートでもフェイスブック上で多数の呼びかけがおこなわれたが、実際のデモはほとんど尻すぼみに終わっている。[20]

[20] もちろん，湾岸諸国の場合，経済的な要因も重要である。バハレーンを除けば，豊かな産油国であるので，国民の不満が革命の起こった国よりも低いと考えられる。もう一つは宗派問題や社会階層の問題である。バハレーンの場合，デモの主体がシーア派だったため，その呼びかけがスンナ派に拡大しにくかったことを考慮する必要がある。

# 第4章　インターネットで変わるイスラーム世界

## 伝統的メディアの役割

失業や体制の腐敗など本質的な部分は別にして、なにが「メディア」として人々の怒りを増幅し、多数の人を抗議運動に駆り立てたのだろうか。フェイスブックなどのＳＮＳはその一つであるが、それ以外はどうだろう。

最初に思い浮かぶのはカタルの衛星放送ジャジーラである。このテレビ局がアラブの春ではたした役割はきわめて大きい。チュニジアのベンアリー大統領が二〇一〇年十二月二十八日に外国のテレビ局が誇張した報道をおこなっていると非難したことは、第3章で紹介したとおりである（九一頁参照）。

ジャジーラはアラブ諸国でもっとも人気のある衛星放送として日本でも名前が知られている。日本では反米のほか、比較的公正な報道をおこなうというイメージがあるかもしれないが、ことアラブがかかわる問題では逸脱することしばしばである。アラブの春に関する報道でも、かなり早い時点から反政府運動・抗議デモを支援するような、あるいは煽《あお》るような報道を繰り返していた。実際、ジャジーラには多くのエジプト人が在籍しており、そのなかにはムスリム同胞団と関係が深い人たちも少なくなかった。ときには露骨な煽動《せんどう》報道や、誤った情報を検証なしに流したりすることさえもあった。

したがって、報道がエスカレートすると、多くの国でジャジーラの支局が閉鎖されるなど、当事国から締め出されることも多々あり、するとジャジーラは、フェイスブックやユーチューブなどの情報をそのまま垂れ流すことまでしだしたのである。

また、第3章で紹介したエジプトでの革命のリーダーの一人、ワーエル・ゴネームの場合も、人々の感情の奥深くにもっとも訴えることができたのは、彼のフェイスブックのページではなく、彼がエジプトの衛星放送とのインタビューにおいて、革命の過程で亡くなった人たちに言及したときに、突然、嗚咽《おえつ》しはじめた場面ではなかったろうか。当時、停滞の雰囲気すらただよっていた反体制運動だったが、このインタビューをきっかけにふたたび動きはじめたという分析もある。

さらに、チュニジアでもエジプトでも当時非合法ではあったが、イスラーム主義の政治組織――チュニジアでは「ナフダ」[1]、エジプトでは「ムスリム同胞団」――がさまざまなかたちで人々の動員をはかっていたとの説もある。とくに同胞団はそれまでも選挙などで

1 1980年代にチュニジアで設立されたイスラーム主義組織。「ナフダ」はアラビア語で「覚醒」を意味する。創設者の一人，ラーシド・ガンヌーシーは現在でも理論的指導者の地位にある。

独自の動員方法を用いてある程度の成功をおさめていた。そのなかにはフェイスブックも含まれるが、それがメインの手段ではないはずだ。

また、アラブの春におけるＳＮＳの役割を考える場合、国外にいる家族や友人との関係を忘れてはならない。イスラーム諸国では、多くの国民が外国人労働者や移民として国外に出ている。こうした国外で働く人たちがＳＮＳを媒介に祖国とのつながりを維持するのはありふれた光景である。外国に出れば、より多くの収入をえることができるのでコンピューターの利用は国内よりも活発なことが多く、また祖国への連絡の必要性から、インターネットは必需品となっていた。[2]

こうした外国では、国内よりも検閲がゆるかったり、厳しい検閲があったにしてもそれはあくまで自国に関するものだけで、自国以外の情報にはわりと無頓着だったりする。その場合、情報は、いったん国外に出れば、国外のチュニジア人やエジプト人コミュニティーを中心に爆発的に広がっていく。それはやがてその枠をこえて、例えば湾岸諸国やヨーロッパのメインストリームのメディアによって共有され、やがてはニュースとして取り上げられるようになる。

重要なのは、われわれが目撃する、ＳＮＳの情報だと思っているものの多くがまさに「これ」だということである。われわれが、チュニジアやエジプトの情報だと思っていた



2 1990年代後半，まだインターネット接続やパソコンが高価だった時代，イスラーム諸国からの労働者が集まる湾岸地域などではインターネットカフェが貴重な情報収集の場となっており，祖国の家族や友人たちとの音声チャットを楽しんでいた。

ものの多くは、いったん国外に出て、フェイスブックなどによって増幅され、またときには外国人にも理解できるようなかたちに改編されたデータである可能性が高いのだ。この部分だけをみれば、SNSが革命の中核に位置していたと考えても不思議ではない。筆者は、二〇〇九年のイラン大統領選挙をめぐる騒乱をみて、イラン現体制はもはやこれまでかと誤解してしまったのだが、これはイラン専門家ではない筆者がユーチューブの動画と欧米メディアの報道だけで状況を判断してしまったからともいえる。

SNS、あるいはインターネットが単独で大衆動員をかけられるのは二〇一一年九月にニューヨークで起きた「ウォールストリートを占拠せよ」運動やそれをまねた運動でも明らかである。ただ、これらとアラブの春を同一レベルで考えることには、無理がある。中東やイスラーム世界でこれと比較しうるのは、二〇一一年七月にイスラエルで発生した若者たちの物価上昇に対する抗議運動と、二〇一三年五月から始まったトルコにおける反政府デモであろう。

両方とも運動やデモに参加した階層の中心が比較的若く、また高学歴であったという特徴があり、またSNSでの呼びかけに呼応して集まったというのもまちがいない。さらにいえば、激しい治安部隊との衝突はあったものの、比較的短い期間で収束・鎮

▲テルアビブ中心部のテント村の名残り（2011年）

▲2013年のトルコのデモ　イスタンブルのイスティクラル通りでにらみあう警官隊と若者たち。

静化したという共通点もある。筆者は二〇一一年九月、テルアビブの現場を調査に行ったのだが、そのときにはすでに二〇万人が集まったといわれた中心部のテント村はほとんど人がいなくなっており、ホームレスらしき人たちがわずかながら、残されたテントのなかで寝ているぐらいであった。なお、この二国は、欧米側の基準に照らして中東・イスラーム世界では数少ない「民主国家」であり、SNSの利用や政治活動のレベルも、西側諸国とある程度比肩《ひけん》しうることも指摘しておこう。

一方、アラブの春においては、SNSの呼びかけがどの範囲まで届いたのかの研究はかならずしもきちんとおこなわれているわけではない。SNSが社会階層や宗教・宗派や民族、イデオロギーの違いをこえて、人々を共鳴させ、共感させる力があるかどうか、筆者にはそこまでいいきる自信はない。

イスラーム世界ではSNS上の情報が単独で起爆剤になりにくいというのは、チュニジアやエジプトで、アラブの春以前からブログやSNSを用いて似たような事件が起きていながら、結果的には体制をゆるがすにはいたらなかったことからも推測できる。また、二〇一二年に起きた事件でも、SNSは補完的な役割しかはたせなかったことは明らかである。

二〇一二年九月に突如、カイロで預言者ムハンマドを侮辱する映画に抗議するデモ

▶UAEの首都アブタビのインターネットカフェ
UAEでは人口の８割が外国人なので，彼らの多くが母国との繋がりを維持するために，こうしたインターネットカフェを利用している。

が発生し、それが瞬く間にイスラーム世界各地に飛び火した。リビアではこの騒ぎのなか、ベンガージーのアメリカ領事館が襲撃され、たまたまいあわせた駐リビア大使らが殺害されるという大事件になった。

預言者を侮辱した映画をつくったのはエジプト系アメリカ人のコプト教徒で、その映画は二〇一二年六月にまずアメリカ国内で上映され、その後七月にはユーチューブに投稿されている。しかし、このユーチューブ上の動画はほとんど誰にも視聴されないままだった。それを突然、エジプトのサラフィー主義系衛星放送が番組で取り上げ、その結果、大騒ぎになったのである。

ユーチューブの再生回数のグラフを見てみると、まさにこの日を境に、再生回数が激増

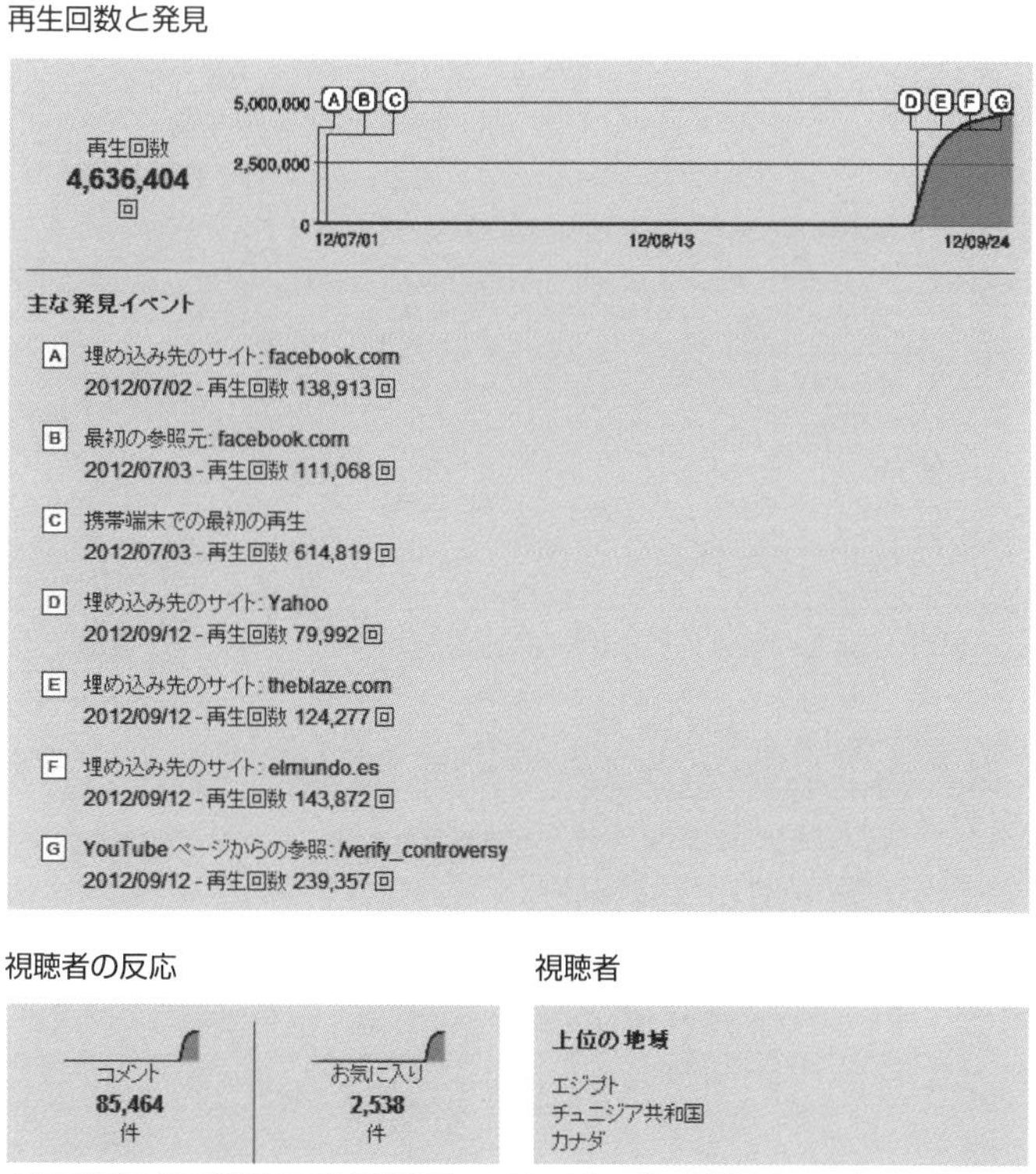


**▲預言者侮辱映画動画の再生統計情報**　2012年7月に投稿されてから，8月まではあまり再生されていなかったが，9月はじめに衛星放送で取り上げられた直後に再生回数が跳ねあがった。

していることがわかる。これをきっかけにアフガニスタンでターリバーンが報復攻撃をおこなったほか、ソマリアではアルカイダと合流したテロ組織の「シャバーブ」が映画非難のデモを実施し、報復の自爆攻撃をおこなった。チュニジアでもアメリカ大使館前で抗議デモがおこなわれた。さらにイエメンを拠点とするテロ組織「アラビア半島アルカイダ」も報復を呼びかけ、エジプト人のイスラーム法学者が預言者侮辱映画の製作者は死刑であるとファトワー（宗教判断）を発出している。もちろん、ユーチューブに投稿されたからには、この映画がムスリムを激怒させるのは時間の問題であったが、事件として暴発させるのに、もっとも重要な役割をはたしたのが衛星放送であったことは、居間におかれたテレビが依然として大きな潜在力を秘めていることをあらわしている。

## 手のひらのなかからの革命

アラブの春において情報の伝達で重要な役割をはたしたものとして、フェイスブック、衛星放送に続いて、次にあげられるのは携帯電話である。筆者はじつはこの携帯電話こそがアラブの春における情報伝達でもっとも重要な役割をはたしたのではないかと推測している。理由の第一は、イスラーム世界における携帯電話の普及率である。次頁のグラフは人口一〇〇人当たりの携帯電話の契約件数の推移を示している。

3　ちなみに日本は2012年の段階で100人当たり約104件。リビア・チュニジア・エジプトはインターネットやパソコンの普及率では日本より大幅に低いのに，携帯電話の契約数では同じか，それ以上である。

数字だけでみると、アラブの春の影響を受けた国では、国民すべてがほぼ一人に一台、ないしはそれ以上の携帯電話をもっている計算になる。[3] 比較的少ないシリアやイエメンでも携帯電話の契約件数は人口のそれぞれ六割、四割にのぼる。子どもなどを除けば、この二国でもほとんどの成人が携帯電話を所有しているとみて良い。

実際、この数字を踏まえて、抗議デモや暴動の動画・静止画像を見てみると、画面のどこかにかならずといっていいほど、携帯電話を目の前にかざしている人たちがいることに気付くであろう。彼らはもちろんデモや暴動を撮影しているのである。また、ユーチューブなどの動画投稿サイトにアップロードされたデモの動画の多くが携帯画質であることもこの推測を補強してくれるだろう。しかも、撮影している人たちは決して若者だけではない。なかにはお年寄りも含まれている。

では、彼らは携帯を使って、インターネットやSNSを利用しているのだろうか。残念ながら、それはわからない。例えば、ユーチューブなどの動画サイトに投稿されたデモの動画で、撮影した人とアップロードした人が同一人物である保証はほとんどないのである。少なくともフェイスブッ

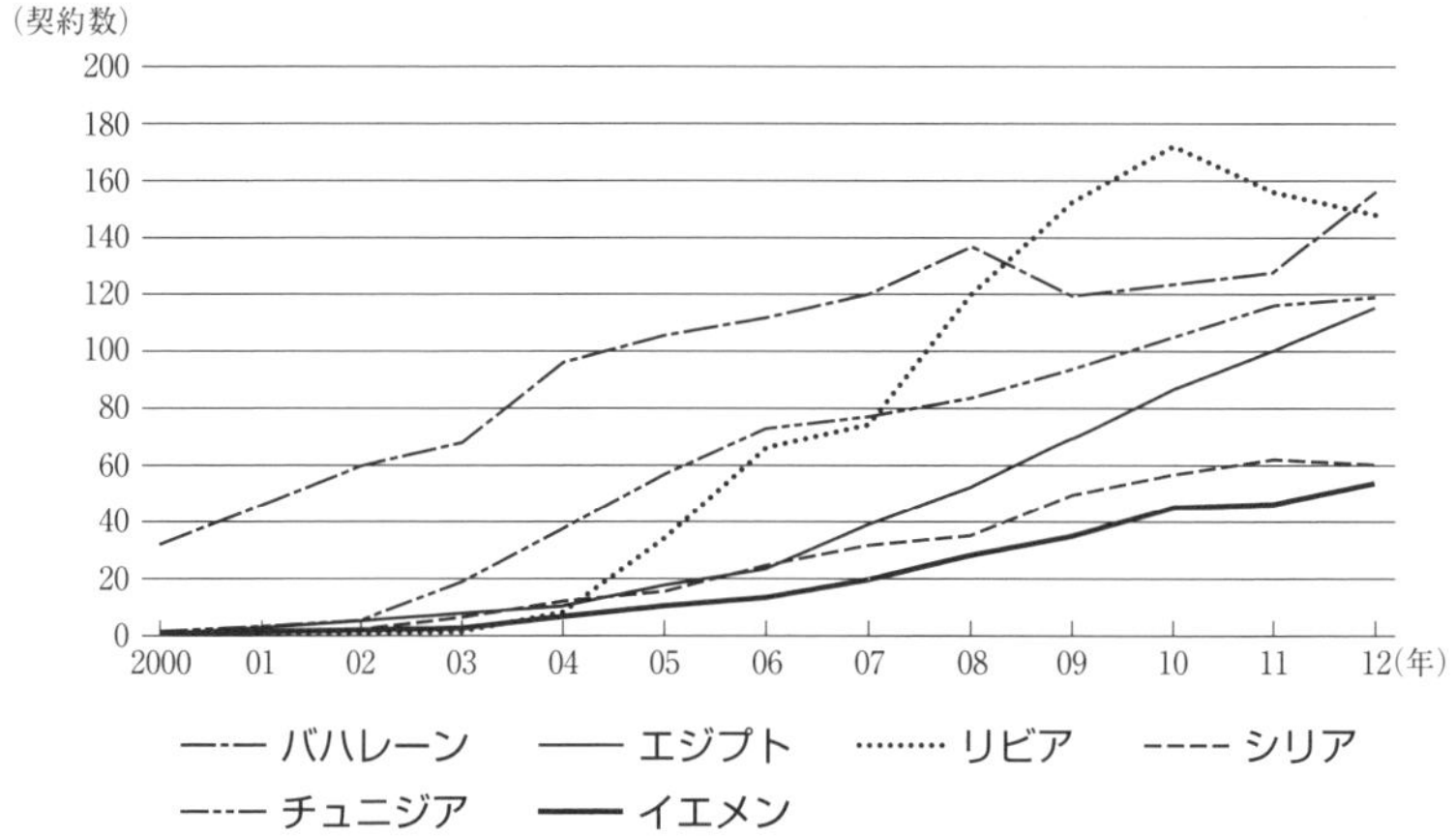


▲100人当たりの携帯電話契約件数

クやインターネットを使いこなしていないような年齢層の人たちが直接的にＳＮＳに動画を投稿しているとは考えにくい。そうすると考えられるのは、彼らが撮影した動画を信頼できる友人や親戚に送るという可能性だ。

この方法は、中東・イスラーム諸国では携帯が普及しはじめて以来、ずっと使われているやりかたである。例えば、クウェートでは選挙のたびに、候補者の演説や有名なイスラーム法学者が誰を推薦しただのの情報が、携帯電話のショート・メッセージング・サービス（ＳＭＳ）を使って飛び交っていた。このサービスは単に一対一のやりとりだけでなく、同報通信が可能なので、一度に多数の人に同じ内容の文章を送りつけることができる。携帯電話のこの機能はテキストとともに静止画や動画を送ることができるマルチメディア・メッセージング・サービス（ＭＭＳ）へと拡張され、日本を除く、世界中ほとんどすべての携帯電話の基本機能になっている。

チュニジアで抗議運動が、起点となったシーディーブージードからじょじょに同心円状に拡散していったのは、ＭＭＳを介して友人や家族と情報が共有されていったため、とも考えられる。これは、中東やイスラーム世界において、もっとも伝統的で、信頼できる情報伝達手段である「口コミ」「口伝え」の代替物といえる。もちろん、近所の噂話的なものも含め、口コミは今でも世界中で健在だし、湾岸諸国では伝統的な「集会」が公共圏の役割をはたしており、しばしばここからデモが始まっている。

二〇〇九年のイラン、そして二〇一〇年末以来のアラブ諸国、いずれも大きな激動にみまわれた。いずれにおいてもインターネットの新しい役割が注目をあびた点で共通する。しかし、これまで述べたとおり、メディアを中心に流布した「ツイッター革命」や「フェイスブック革命」といった言説の真偽についてはもう少し突っ込んだ調査が必要だと筆者は考える。少なくとも現時点ではフェイスブックやツイッターが、その利用者の枠や社会階層をこえて、共有する価値観や目標を掲げ、それに向かって人々を動員することができたという確かな証拠は、イスラーム世界においてはみつけることができなかった。

イスラーム世界、とりわけ中東においては、サイバースペースにおいてもしばしば明確な「国境線」が引かれており、その内(例えば、イランやアラブ諸国の内側の閉ざされたネット空間)と外(移民・外国人労働者・亡命者として祖国を離れたディアスポラによる開かれたネット空間)では同じ議論をしていても、明らかに盛り上がりかたが異なるし、温度差もある。われわれ外部の者は、どうしても後者の言説だけに目をやりがちだが、それだけではイスラーム世界でなにが起きているのか正確なところは把握できないであろう。

あわせて指摘しておくべきは、イスラーム世界におけるインターネットを使いこなせる者と、そうでない者との間のギャップの問題である。SNSで動員された人たち、伝統的なメディアで動員された人たち、二〇〇九年のイランの騒乱やアラブの春のケースでは、その両方が、たまたま同時並行的に、そして意図的かどうかわからないが、その両方が連携しているようにみえるかたちで、つながっていた。だからこそ、体制を転覆させるだけの大きな事件へと発展していったのだろう。逆にいえば、ＳＮＳ階層の外にまで広範に訴えかける力をもたなかったようにみえるイスラエルのテント村やトルコのデモは、尻すぼみになっている。これはスマートモブズ[4]といった概念で説明すべきなのかもしれない。

筆者はかつて、ＳＮＳを駆使し、革命に参画していた若者たちの行動を「革命ごっこ」と批判的に述べたことがある。実際、革命が成就した国のその後をみてみると、ＳＮＳに代表される若い世代の活動家たちは現実の政治から明らかに距離をおくようになっている。革命のヒーローともてはやされたエジプトのワーエル・ゴネームもチュニジアのサリーム・アマーモウ[5]も革命後の混乱ではほとんど名前を聞かなくなっている。

## 世界を変えた平手打ち

もう一点、指摘しておかねばならないのはメディア・リテラシーの問題である。インターネットによってわれわれはさまざまな情報を簡単に入手できるようになった。情報収集のテクニックも重要だが、同時にそうして獲得した情報が正しいか正しくないか、その判

4　ハワード・ラインゴールドが提唱した概念。携帯電話などのモバイル機器を身につけた群衆(モブ)が情報を共有することによって連携した集団行動をとることをいう。
5　サリーム・アマーモウはチュニジアのブロガー。革命前からチュニジアで反検閲の社会運動を展開し，しばしばベンアリー政権側によって逮捕されていた。2011 年の革命後，青年スポーツ次官に抜擢されたが，わずか５カ月で辞任してしまった。

断力が問われる時代になっている。今や世界中のメディアをリアルタイムで、パソコンどころかスマートフォンやタブレットで読める時代である。革命や暴動・戦争ですら、SNSをつうじて現地から直接情報がはいってくる。だからこそ、情報の多寡ではなく、情報の質、あるいはそれを見抜く眼力こそが重要になってくる。

アラブの春でもまさにそこが問われる事件がいくつも発生した。アラブの春のきっかけをつくったチュニジアの若者、ムハンマド・ブーアジージーは多くの報道や著作のなかで「大学を卒業したけれど仕事をみつけられないでいる失業者」と描かれている。しかし、実際には彼は十代前半で学校をドロップアウトして、露天商の世界にはいっている。大卒でもなければ、失業者でもないのだ。

また、彼が女性警察官に公衆の面前で平手打ちを加えられたとの話もまことしやかに語られている。男性優位社会のアラブの国で、みんなの見ている前で女性に引っぱたかれるというのは屈辱以外のなにものでもない。キャッチーなテーマなのであろう。メディアはこれに飛びつき、「世界を変えた平手打ち」といったヘッドラインが紙面をかざることになった。女性警察官は完全にベンアリー政権の手先、悪の象徴とみなされてしまったのである。

その結果、彼女はベンアリー政権下と革命後の二回にわたって逮捕されてしまった。しかし、二〇一一年四月におこなわれた裁判で、彼女は無罪放免となった。つまり、彼女は殴ってもいないし、賄賂《わいろ》を要求してもいなかったのである。

事実を改変したのが意図的なのか、単なるまちがいなのかは今となってはわからない。しかし、メディアでつくり上げられたブーアジージーと女性警察官の物語は象徴的である。大学を卒業しながら、仕事がみつからず、ベンアリー体制に不満をもち、日頃から怒りをSNSにぶつける若者たちにとって、ブーアジージーは大卒の失業者でなければならなかったし、女性警察官は体制の走狗《そうく》であり、極悪非道でなければならなかった。若者が屈辱のあまり、体制に死をもって抗議するというのは、SNSでつながった怒れる若者たちが自らの姿を投影しやすいプロットであったろう。

そのほか、カイロのタフリール広場でデモ隊に突っ込んでいく、ラクダに乗った秘密警察だとか、反政府デモを支援するブログを書いていた、ダマスカスに住む同性愛者の女性が当局に逮捕されたといった話なども大々的に報道された。しかし、前者は、秘密警察でもなんでもなく、デモによって外国からの観光客がこなくなったことに腹を立てた観光ラクダ業者であったし、後者は、イギリスに住む中年のアメリカ人男性によるなりすましであった。

たとえ、大手のメディアであれ、コロッとだまされてしまうのは、どの話も古典的な勧善懲悪のストーリーにもとづいているからであろう。単純に善と悪をわけ、悪が嘘をつき、正しい情報を隠蔽《いんぺい》するのに対し、善は正しいことをいい、事実を暴露《ばくろ》すると考えるのはあまりにナイーヴである。

情報が正しかろうが、虚偽であろうが、その情報が多くの人に共有され、共鳴していけば、体制をゆるがす脅威にまで発展していく可能性があることは、これまでに紹介した事例で明らかであろう。こうした事態を防ぐために、各国政府はさまざまな防止策をとりはじめている。検閲の強化はその一つである。ここ数年の間、イスラーム世界では、ツイッターでのつぶやきが原因で逮捕されるケースが頻出している。逮捕の理由の多くは政治的なつぶやきであったり、宗教的なつぶやきであったりとさまざまであるが、宗教がらみの場合、宗派対立を煽るような確信犯的なものが少なくない。日本でもツイッターは「バカ発見器」と称されることが多いが、イスラーム世界でもそれは変わらない。

体制側からみた究極の対策は、イランがつくろうとしているといわれている巨大イントラネットかもしれない。インターネットから切り離された「クリーンな」ネットワーク、あるいはハラール・イントラネットだと、体制側は主張している。これがどのような結果をもたらすのかは、現時点では誰も予想できないだろう。

## 情報通信技術がイスラーム的伝統・価値観を変容させる

インターネットはイスラーム世界の政治を変えつつあるだけでなく、個々のムスリムたちの信仰と深く結びついた生活をも、あるいは伝統的なイスラームをも変質させている。

例えば、敬虔《けいけん》なムスリムの日々の行動の指針となるファトワーは一種の身の上相談・法律相談として機能しているが、メディアの発達とともに、新聞やテレビ、さらにインターネットの時代には、あちこちのサイトに過去のファトワーのデータベースや閲覧者による質問コーナーなどが設置されるようになった。こうしたオンライン・ファトワーは大変便利なものだが、一方で大きな弊害も出てきた。

とくにインターネットの場合、一部の権威あるサイトを除けば、いったい誰が発出しているのかわからないファトワーがたくさん出てきたのである。実際、インターネット上には、誰それを殺すべきだのといった文章がファトワーと称して出回っている。こうした偽ファトワーの濫造《らんぞう》は社会問題化していた。とくに九・一一事件後、イスラーム世界の各地でテロが頻発したとき、こうしたファトワーもネット上に拡散していたのだが、大半はファトワーを出す資格をもたない者が宗教テキストを適当に切り貼りしてつくったものであった。

もう一つ、インターネットはアラビア語そのものをも変えつつある。日本語でもさまざまなネット用語があふれているが、それはアラビア語の場合も同じである。アラビア語といっても、オンライン上、例えばＳＮＳでのつぶやきや書き込みで用いられるのは口語、つまり方言のほうがめだつ。歴史上、これほど膨大な量のアラビア語の方言がテキスト化されたことはないはずだ。これらが今後、正則アラビア語にどのような影響を与えていくのか、興味深いところである。

ちなみに、アラビア語の口語や方言をオンライン上で表記する場合、しばしばアラビア文字ではなく、ローマ字が用いられる。これを「アラビージー」とか「アラビッシュ」などとよぶ。[6] アラビージーとは、アラビア文字を打てないパソコンや携帯電話で電子メールを書いたり、チャットをしたりするときに用いられていたローマ字によるアラビア語表記法で、とくに若者たちは、パソコンや携帯電話でふつうにアラビア語が入力できるようになっても、そのまま使いつづけている。これはコンピューターの問題というよりも、若者文化の一部と考えるべきだろう。最近の若者たちの英語まじりのアラビア語を表記するには、むしろアラビージーのほうが都合が良いのかもしれない。

## サイバー・イスラームをコントロールするアメリカのサイト

第１章でアラビア語のインターネット世界では、少なくともインターネット黎明《れいめい》期にお

6「アラビージー」は，アラビア語を意味する「アラビー」と英語を意味する「インキリージー」からできた造語。「アラビッシュ」は「アラビー」と「イングリッシュ」からできたもの。

*Column #03*

# 変容する男女関係

コンピューターやインターネット、あるいはそれに関連する技術は、伝統的な男女の関係までも変えつつある。イスラーム諸国の多くでは、女性は血縁・姻戚関係以外の男性の前で顔を出すことは不道徳とみなされており、今でも女性が公的な場に出るときは、ブルクァとかヒジャーブとよばれるベールで顔や髪の毛をかくすべきだとか、そもそも外出の際には後見人の付き添いが必要であると考えられている地域は少なくない。オンライン上でも当然、ムスリム女性が顔を出した写真や動画をウェブページであれ、ブログであれ、SNSであれ掲載することは許されないとする考えかたは一部に根強く残っている。

一方、一九九〇年代に携帯電話が普及しはじめると、携帯電話を駆使したナンパ術が流行するようになる。道やショッピングモールで立ち止まっている女性の足もとに、男性がさりげなく、自分の携帯番号を書いた紙を落としていく。それを拾った女性は、気が向けば、その番号に電話する。固定電話が、通常、家族共有なのに対し、携帯電話は個人所有なので家族にばれてしまうことも少ない。

その後、方法はさらに洗練されていく。携帯電話についているブルートゥース機能を使って、自分の周りに無線で自分の写真や携帯番号などのプロフィール情報を飛ばす。すると、同じ機能の携帯をもった異性がその情報をキャッチする。気に入れば、相手の携帯に電話したり、自分の情報と交換するという流れである。ブルートゥース機能を「オン」にしている段階で、すでにナンパされても良いという意思も読み取れるので、成功の確率は高くなる。この場合、例えば女性は、表面上、髪の毛も顔もかくしており、敬虔なムスリム女性であるが、携帯のなかの記録デバイスや無線上では「ふしだら」ということになってしまう。

また、インターネット上にも、ムスリム同士の婚活サイトや出会い系サイトが数えきれないほどできている。これまでアラブ諸国では、親が結婚相手をみつけるのが一般的であったが、今はインターネットによって、新しい出会いの場が生まれてきている。同時に、結婚の契約を全部オンラインですますことができるのかといった法学上の議論までおこるようになってきた。イスラーム法学がこうした新しい状況にきちんと対処し、インターネット時代に適応した、新たな道徳観・価値観を構築できるかどうかも、いま、問われているのではないだろうか。

また大半のイスラーム諸国では、ポルノ関係に対して厳しい制限を科している。しかし、多くのアラブ諸国で、ポルノの閲覧がごく日常的におこなわれている。こうした傾向については、ムスリムと非ムスリムで大差ないのかもしれない。

いてはイスラーム関連サイトの人気が高かったのではないかと推測した。またその後、さまざまなサイトがふえたので、宗教系サイトの人気はだいぶうすめられたのではないかとも述べた。では、現在はどうであろうか。二〇一三年八月末におこなった調査では、現在のイスラーム諸国での人気サイトは、グーグル(ローカル版を含む)、ユーチューブ、フェイスブック、ヤフー!、ブログスポット、ツイッター、ウィキペディア、ウィンドウズ・ライブなどアメリカのサイトがずらっと並ぶ。複数の国でベストテンにはいるイスラーム諸国のサイトはアラビア語のスポーツ関連サイト「クーラ」だけであった。

もちろん、一〇位以下にはイスラーム圏のサイトも多数はいってくるが、アメリカ系サイトへの集中ぶりはめだつ。といっても、こうした傾向は、非イスラーム圏でも変わらない。例えば、日本の場合、五位まではアメリカ起源のサイトで、ベストテン内で日本オリジナルのサイトは三つだけである。

だが、その一方で欧米のグローバル情報通信企業はかならずしもイスラーム諸国での営業に熱心でないようにみえる。例えば、世界最大のオンライン書店アマゾンは、イスラーム諸国ではサイトを運営していない。またアマゾンの提供する電子書籍リーダーもいまだにアラビア語やペルシア語など中東系言語に対応していない。技術的な困難はあるだろうが、アラビア語人口だけで日本語人口の倍あることを考えれば、それなりに経済効果は期待できるはずである。ここでも、前述したコンピューターにおけるアラビア語コードをめぐるドタバタと同様、国ごとの税制や検閲の違いなどが参入の障壁になっているのかもしれない。[7]

二〇一二年におこなわれたアラブ諸国の若い世代のインターネットに関する意識調査によると、約七〇%のアラブの若者たちが、インターネットは自分たちと信仰を引き離すのではなく、より近づけてくれたと考えている。また、同じく七〇%近くは、インターネットの情報は自分の知識をふやしてくれると考え、八〇%近くが、むしろ自分の信念を確認し、信仰を強めると考えている。彼らがインターネットを非常にポジティブにとらえていることがわかる。

インターネット上のコンテンツが宗教と矛盾する非道徳的なものであると考えるのは約三〇%、インターネットの情報が自分の信念に反したり、自らの信仰に疑問を生じさせたりするものであると考える人も二〇%強にすぎない。この強い自信はどこからくるのだろうか。

## おわりに

ムスリムたちとインターネットの話をしていると、彼らが時々「シェイフ・グーグル」

7 アラブ世界最大のオンライン書店はレバノンを拠点とするニールワルフラートである。アラビア語の書籍に関してはほぼここで入手できるが，アマゾン並みの使い勝手かというとそこまではいかない。書籍の検閲のある国に送ってもらう場合，当然届かない可能性もある。

とか「イマーム・ヤフー」というのを耳にする。「シェイフ」も「イマーム」も学識ある人を指すアラビア語であり、日本語でいうと「師」などに相当する。日本でも「グーグル先生」という言い回しがあるが、まさにそれである。要は、グーグルで検索すれば、たいていのことがわかるということだ。このような言い回しが一般化しているのは、ムスリム、そして日本人も、イスラームに関する知識を含めて、グーグルなどアメリカ起源の検索エンジンに依存していることをあらわしている。

イスラーム諸国の多くは検閲によって、反イスラーム的な情報がイスラームの仮想空間に流入・浸透することを防いでいる。このなかには、ポルノやテロのように、多くの宗教で反道徳的・反社会的とみなされているものもあるが、イスラーム世界にはそれだけでなく、イスラーム以外の宗教に関する情報まで排除しようとする国もある。そこでは、多神教であるヒンドゥー教や仏教、神道などだけでなく、イスラームと同じ一神教のキリスト教やユダヤ教に関する情報までもがブロックされる。しかも、皮肉なことに、こうした非イスラーム的・反イスラーム的な情報を排除するのに、多くのイスラーム諸国の体制は、欧米の技術力――多くはアメリカ製のフィルタリング・ソフトウェア――に依存しているのだ。

これに政治的な思惑がからまると、究極的にはイランが計画しているとされる「クリーンな」巨大イントラネットに象徴される排他的なアプローチにいきついてしまう。このやりかたが正しいとは思えないし、それを押しとおせる体制もかぎられている。

一方、アルカイダに代表されるようなテロを煽動するジハード主義は、現実世界においてだけでなく、サイバースペース上でも、欧米・キリスト教・イスラーム諸国の現体制を敵として戦いを継続している。オサーマ・ビン・ラーデンらのイデオローグが抹殺されても、彼らの残した声明や著作はインターネット上に残りつづける。皮肉な話だが、彼らの安住の地は、彼らが嫌悪し、ジハードの標的としていた欧米のサーバー上にしかありえない。そこでは、やはり彼らが蛇蝎《だかつ》のごとくきらっていた民主主義が表現の自由の名のもとに彼らの居場所を確保してくれているのだ。

こうしたインターネット上に残された過激なテキストや動画は、ムスリムたちの不満が臨界点にまで達したら爆発する時限爆弾にもなりうるし、誰かが踏んだら爆発する地雷にもなりうる。例えば、アラブの春による革命で独裁体制が崩壊した国々では依然として不安定な状態が続いている。人々は革命後すぐにでも、自由や民主主義――たとえそれが世俗的なものであれ、イスラーム的なものであれ――が自分たちの国でも構築されるのではと期待したが、その可能性も今やあやしいものになりつつある。

いっこうに安定しない治安、良くならない経済、人々のやり場のない怒りや不満は、インターネット上の過激な言説を短絡的に正当化する要因ともなる。しかも、間の悪いことに、イスラーム世界のインターネットはアラブの春以前と比較して格段に自由になっている。社会に対し怒りをいだく若者たちが過激な行動に走るのを煽動する情報は、インターネット上に事欠かないのである。

他方、インターネット上にはムスリムやアラブ人たちの憎悪をかきたてるような反イスラーム的な言説やイメージも少なくない。二〇〇五年、デンマークの新聞に預言者ムハンマドを侮辱するマンガが掲載されたことをきっかけに、世界中を巻き込んだ大きな騒乱に発展したことは記憶に新しい。さらに現在では、ツイッターなどのわずか一〇〇語足らずのつぶやきで、宗教間や宗派間の対立を煽ることだって可能なのである。

これを自由の代償とみなすのか、それとも駆除の対象とするのかは、われわれ自由社会に住む者に突きつけられている深刻な問いかけでもある。

幸い、サイバー・イスラームには明るい兆しもある。例えば、サウジアラビアといえば、おかたい保守的なイスラームというイメージが強い。だが、ユーチューブなどでこの国に関して検索すると、良い意味でわれわれの予想を裏切ってくれるような、若者たちのつくった、ユーモアにあふれ、卓越したセンスや才能を感じさせるビデオが数多くヒットするであろう。日本のテレビゲームに触発された「サウジ・ストリート・ファイター」はその種の古典だし、世界的人気をえた韓国の歌手ＰＳＹ《サイ》の「江南スタイル」もサウジの若者たちによってカバーされ、「サウジ・ガンナム・スタイル」としてユーチューブにアップロードされた。このビデオはわずか数日で三〇〇万回以上、再生された。またサウジアラビアで女性が車の運転を許されないのを痛烈に皮肉った「ノー・ウーマン・ノー・ドライブ」はもちろんボブ・マーリーの名曲にインスパイアされたもので、欧米のメディアでも大きく取り上げられた。そして新進気鋭のコメディアン、ファハド・ブタイリーはユーチューブを主舞台に活躍している。

宗教的、あるいは政治的な制約はあるものの、彼らはサイバースペース上に新しくできつつある公共圏をエンジョイしているようにもみえる。

## 参考文献


生駒孝彰『インターネットの中の神々――二十一世紀の宗教空間』平凡社、一九九九年
伊藤昌亮『デモのメディア論――社会運動社会のゆくえ』筑摩書房、二〇一二年
クレイ・シャーキー（岩下慶一訳）『みんな集まれ！――ネットワークが世界を動かす』筑摩書房、二〇一〇年
津田大介『動員の革命――ソーシャルメディアは何を変えたのか』中央公論新社、二〇一二年
中島隆晴「中東におけるインターネットメディア統制」（『海外事情』五九‐六、二〇一一年）
原田泉・山内康英編著『ネットの高い壁――新たな国境紛争と文化衝突』ＮＴＴ出版、二〇〇九年
保坂修司「コンピュータで中東を読む　その1」（『中東研究』三九九、一九九五年）
保坂修司「コンピュータで中東を読む　その2――インターネット篇」（『中東研究』四〇一、一九九五年）
保坂修司「湾岸研究とインターネット」（『現代の中東』二二、一九九七年）
保坂修司「アラブ湾岸諸国――強い政府の規制、海外に拠点を持つ反政府勢力」（『アジ研ワールド・トレンド』四‐一二（四一）、一九九八年）
保坂修司「インターネットでアラブ世界を読む」（『季刊アラブ』八九、一九九九年）
保坂修司「アラブ研究と電子情報」（『イスラム世界』五三、一九九九年）
保坂修司「アラブ首長国連邦――野心あふるるアラブの詩歌大全」（『季刊・本とコンピュータ』一六、二〇〇一年）
保坂修司「なぜぼくのWindowsでミニチュア・アリフが打てないのか」（『明日の東洋学――東京大学東洋文化研究所附属東洋

学研究情報センター報』八、二〇〇二年）
保坂修司「デジタル・ジハードの現在」（『イスラム科学研究』一、二〇〇五年）
保坂修司「中東市民社会の動向――電脳イスラーム論」（『中東諸国における政治情勢及び経済等の現状と今後の展望』みずほ情報総研、二〇〇六年）
保坂修司「アラブ社会における日本のアニメ・マンガの影響」（池内恵編『カイロ・シンポジウム――International Symposium in Egypt 2006』国際日本文化研究センター、二〇〇七年）
保坂修司編『アフガニスタンは今どうなっているのか』京都大学大学院アジア・アフリカ地域研究研究科附属イスラーム地域研究センター、二〇一〇年
保坂修司「中東の革命とメディアの関係――インターネット、フェイスブックを中心に」（『新聞研究』七一九、二〇一一年）
保坂修司『新版　オサマ・ビンラディンの生涯と聖戦』（朝日選書）朝日新聞出版、二〇一一年
保坂修司「ラクダ対フェイスブック」『現代思想』（三九 - 四、二〇一一年）
保坂修司「テロリストは電脳ジハードの夢を見るか」『現代思想』（三九 - 一三、二〇一一年）
保坂修司「ジャスミン革命に関するメディア言説分析」（『国際情勢』八二、二〇一二年）
保坂修司『イラク戦争と変貌する中東世界』（世界史リブレット126）山川出版社、二〇一二年
山崎和美「二〇〇九年イラン騒擾と二〇一一年「アラブの春」――若者とソーシャル・メディアの視点から」（『中東研究』五一一、二〇一一年）
山本達也『アラブ諸国の情報統制――インターネット・コントロールの政治学』慶應義塾大学出版会、二〇〇八年

山本達也「「アラブの春」にみるソーシャルメディアの影響力」(『中東研究』五一二、二〇一一年)

山本達也「「アラブ新時代」の到来とソーシャルメディア」(『三田評論』一一四九、二〇一一年)

ハワード・ラインゴールド(公文俊平・会津泉訳)『スマートモブズ――〈群がる〉モバイル族の挑戦』NTT出版、二〇〇三年

Alterman, Jon B., *New Media, New Politics?: From Satellite Television to the Internet in the Arab World,* Washington, D.C.: The Washington Institute for Near East Policy, 1998.

Alterman, Jon B., "The Revolution will not be Tweeted," *The Washington Quarterly,* 34: 4, 2011.

Azzi, Abderrahmane, "Islam in Cyberspace: Muslim Presence on the Internet," *Islamic Studies,* 38: 1, 1999.

Bradley, John R., *After the Arab Spring: How Islamists Hijacked the Middle East Revolts,* New York: Palgrave Macmillan, 2012.

Bunt, Gary, *Virtually Islamic: Computer-Mediated Communication and Cyber Islamic Environments,* Cardiff: University of Wales Press, 2000.

Bunt, Gary, *Islam in the Digital Age: E-Jihad, Online Fatwas and Cyber Islamic Environments,* London: Pluto Press, 2003.

Burkhart, Grey E., and Susan Older, *The Information Revolution in the Middle East and North Africa,* RAND, 2003.

Campbell, Denis G., *Egypt Unsh@ckled: Using social media to @#: ) the System,* Carmarthenshire, Wales: Cambria Books, 2011.

Diamond Larry, and Marc F. Plattner (eds.), *Liberation Technology: Social Media and the Struggle for Democracy,* Baltimore: The Johns Hopkins University Press, 2012.

Dubai School of Government, *The Arab World Online: Trends in Internet Usage in the Arab Region,* Dubai: Dubai School of Government, 2013.

Dubai School of Government, “Facebook Usage: Factors and Analysis,” *Arab Social Media Report,* 1: 1, 2011.

Dubai School of Government, “Civil Movements: The Impact of Facebook and Twitter,” *Arab Social Media Report,* 1: 2, 2011.

Dubai School of Government, “The Role of Social Media in Arab Women’s Empowerment,” *Arab Social Media Report,* 1: 3, 2011.

Dubai School of Government, “Social Media in the Arab World: Influencing Societal and Cultural Change?” *Arab Social Media Report,* 2: 1, 2012.

Dubai School of Government, “Transforming Education in the Arab World: Breaking Barriers in the Age of Social Learning,” *Arab Social Media Report,* 5, 2013.

Eltahawy, Mona, “The Middle East’s Generation Facebook,” *World Policy Journal,* 25: 3, 2008.

The Emirates Center for Strategic Studies and Research, *Arab Media in the Information Age,* Abu Dhabi: The Emirates Center for Strategic Studies and Research, 2006.

Etling, Bruce, John Kelly, Robert Faris, and John Palfrey, *Mapping the Arabic Blogosphere: Politics, Culture, and Dissent,* Cambridge, Mass.: Berkman Center for Internet & Society at Harvard University, 2009.

Franda, Marcus, *Launching into Cyberspace: Internet Development and Politics in Five World Regions,* Boulder, Colorado: Lynne Rienner Publishers, 2002.

Ghannam, Jeffrey, *Social Media in the Arab World: Leading up to the Uprisings of 2011: A Report to the Center for International Media Assistance,* Washington,D.C.: The Center for International Media Assistance（CIMA), 2011.

Ghannam, Jeffrey, *Digital Media in the Arab World One Year After the Revolutions,* Washington,D.C.: The Center for International

Media Assistance, (CIMA), 2012.

Ghonim, Wael, *Revolution 2.0: The Power of the People is Greater than the People in Power: Memoir,* London: Fourth Estate, 2012.

HOSAKA Shuji, “Media Strategies of Radical Jihadist Organizations: A Case Study of Non-Somali Media of al-Shabaab”, *Kyoto Bulletin of Islamic Area Studies,* 5: 1, 2, 2012.

Howard, Philip N., *The Digital Origins of Dictatorship and Democracy: Information Technology and Political Islam,* Oxford: Oxford University Press, 2010.

Kalathil, Shanthi, and Taylor C. Boas, *Open Networks Closed Regimes: The Impact of the Internet on Authoritarian Rule,* Washington, D.C.: Carnegie Endowment for International Peace, 2003.

Khalaf, Samir, and Roseanne Saad Khalaf, *Arab Youth: Social Mobilization in Times of Risk,* London: Saqi, 2011.

Lappin, Yaakov, *Virtual Caliphate: Exposing the Islamist State on the Internet,* Washington, D.C.: Potomac Books, 2011.

Nunns, Alex, and Nadia Idle (eds.), *Tweets from Tahrir: Egypt's Revolution as it Unfolded, in the Words of the People Who Made It,* New York: OR Books, 2011.

MacFarquhar, Neil, *The Media Relations Department of Hizbollah Wishes You a Happy Birthday: Unexpected Encounters in the Chaging Middle East,* New York: Public Affairs, 2009.

Sakr, Naomi, (ed.), *Arab Media and Political Renewal: Community, Legitimacy and Public Life,* London: I. B. Tauris, 2007.

Seib, Philip, and Dana M. Janbek, *Global Terrorism and New Media: the Post-al Qaeda Generation,* London: Routledge, 2011.

Sreberny, Annabelle, and Gholam Khiabany, *Blogistan: The Internet and Politics in Iran,* London: I. B. Tauris, 2010.

Tunç, Aslı, and Vehbi Görgülü, *Mapping Digital Media: Turkey,* Open Society Foundation, 2012.

Wheeler, Deborah L., *The Internet in the Middle East: Global Expectations and Local Imaginations in Kuwait,* Albany: State University of New York Press, 2006.

Weimann, Gabriel, *Terror on the Internet: the New Arena, the New Challenges,* Washington, D.C.: United States Institute of Peace Press, 2006.

**図版出典一覧**

| | |
|---|---|
| 渋谷悦子 | *99*右 |
| 徳原靖浩 | *8* |
| ユニフォトプレス | カバー表, カバー裏 |
| 著者提供 | *5, 6*右, *6*左, *12, 23*上, *23*下, *25, 26*上, *26*右下, *26*左下, *43, 65*上, *65*下, *67, 76, 92, 94*右, *94*中, *94*左, *99*左, *100, 101* |

**保坂 修司**（ほさか しゅうじ）

慶應義塾大学大学院文学研究科修士課程修了。

専攻，湾岸地域近現代史，中東メディア論，科学技術史。

現在，日本エネルギー経済研究所研究理事。

主要著書：『乞食とイスラーム』（筑摩書房 1994），『サウジアラビア——変わりゆく石油王国』（岩波書店 2005），『新版　オサマ・ビンラディンの生涯と聖戦』（朝日新聞出版 2011），『イラク戦争と変貌する中東世界』（山川出版社 2012）

イスラームを知る24

サイバー・イスラーム　越境《えっきょう》する公共圏《こうきょうけん》

2014年3月20日　1版1刷印刷
2014年3月25日　1版1刷発行

著者：保坂修司《ほさかしゅうじ》

監修：NIHU（人間文化研究機構）プログラム
イスラーム地域研究

発行者：野澤伸平

発行所：株式会社 山川出版社

〒101-0047　東京都千代田区内神田１-13-13
電話　03-3293-8131（営業）8134（編集）
http://www.yamakawa.co.jp/
振替　00120-9-43993

印刷所：株式会社 プロスト

製本所：株式会社 ブロケード

装幀者：菊地信義

 ISBN978-4-634-47484-0